成效導向 的 方案規劃 與 評估

第二版

中華社會福利聯合勸募協會 總策劃

鄭怡世 著

聯合勸募　United Way

巨流圖書公司印行

國家圖書館出版品預行編目（CIP）資料

成效導向的方案規劃與評估 / 鄭怡世著
-- 初版. -- 高雄市：巨流, 2015.03
　　面；　公分
　　ISBN　978-957-732-498-6（平裝）

1.社會工作　2.社會服務　3.方案設計

547.44　　　　　　　　　　　　104002213

成效導向的方案規劃與評估
（第二版）

作　　　者	鄭怡世
封 面 設 計	黃齡儀
發 行 人	楊曉華
總 編 輯	蔡國彬
出　　　版	巨流圖書股份有限公司
	802019高雄市苓雅區五福一路57號2樓之2
	電話：07-2265267
	傳眞：07-2233073
	e-mail: chuliu@liwen.com.tw
	網址：http://www.liwen.com.tw
編 輯 部	100003臺北市中正區重慶南路一段57號10樓之12
	電話：02-29229075
	傳眞：02-29220464
郵 撥 帳 號	01002323 巨流圖書股份有限公司
	購書專線　07-2265267轉236
法 律 顧 問	林廷隆律師
	電話：02-29658212
出版登記證	局版台業字第1045號

ISBN 978-957-732-498-6（平裝）
初版一刷‧2015 年 3 月
初版十一刷‧2024 年 10 月
（本書版稅全數捐贈中華社會福利聯合勸募協會）

定價：250 元

再版推薦序

長久以來，社會福利服務方案的成效評估就是一個令人頭痛的問題。「人」的變化總是參雜著許多的變數，同樣的關卡，有人順利地走過，卻也有人始終無法跨越，遑論影響因素更多元的家庭甚或是社區。方案規劃者如何看待一個社會問題？適合使用什麼樣的策略？可能導出什麼樣的結果？對於接受服務的人是恰當的嗎？在在都無法避免引起各方人馬的熱烈討論，然而在講究責信的現代世界，卻又不得不面對。

接到本書改版推薦序的邀約時，秉持聯合勸募協會長年推動成效導向的方案設計架構，自是十分欣喜接受，但一方面免不了開始擔心又要和各種理論架構、各式衡量定義與計算奮戰。當翻開第一章時，劈頭就看到一個問題「為什麼要進行方案規劃？」直覺答案自然是想要滿足服務對象的需求，不免覺得為什麼要問這麼淺白的問題呢？接著閱讀下去，作者鄭怡世老師帶領著大家推敲，如果是這樣，那誰才是這個方案的主角呢？直觀來說應該是服務對象吧！然而在設計服務方案的每一個過程有不斷的思考琢磨著他們的需求嗎？他們的生活狀態產生什麼樣的變化才是需求真正被滿足了呢？這樣的問答卻讓我沉思了許久。

書中除了像這樣基本的反思之外，更充滿著各種看似不相關的情境聯想，例如：如何考驗一對情侶的感情，或者是怎麼成功瘦身等等。在這些風馬牛不相及的話題中，作者試圖闡述的是，方案規劃並不是高深的學問，反而是如同處理日常生活瑣事一樣。同一件事，不同的人就會有不同的思考。兩個人的旅行，事情就不再單純，每個人都有想去的地方、想吃的食物，甜蜜的情感馬上會面臨挑戰；而減重的鐵律之一是「少吃多動」，簡單的四個字卻完全顛覆減重者現在的生活。這兩個例子不正是在社福工作中，不斷碰到

服務對象怎麼也不肯來參加精心設計的各式活動，永遠不願意照著
安排好規劃行動的寫照嗎？

　　鄭怡世老師在其豐沛的實務經驗中，熟諳社會服務領域的工作
者在每天承擔的重量下，仍想更精進的渴望，因此運用其專業學術
涵養，以輕鬆卻不失嚴謹的方式完成這本著作，不僅有詼諧的插
畫、實用的範例，更提供了隱藏版的案例解答，讓各位閱讀者可以
隨時檢視自己是否確實理解書中的含意。誠摯地邀請您隨著書中的
生活事件走一遍，您會發現在相同的脈絡下，埋藏著多少不同的可
能性，甚至因此更願意關注以成效為導向的方案規劃與評估方式，
這將會是我們最希望看見的未來。

中華社會福利聯合勸募協會 理事長

陳永清

2014年12月20日

作者序

記得在十二年前（2003年），中華社會福利聯合勸募協會（以下簡稱「台灣聯勸」）邀請當時任職於麻薩諸塞灣聯合勸募（Massachusetts Bay United Way）負責教育訓練事務的Donald Buchholtz前來台灣帶領工作坊，當時參與這個工作坊的我，就被她所引介的「成效評量」（outcome measurement）這個模式所吸引，對於他們可以透過這個模式協助人群服務組織整理自己到底在做什麼，並提出「具體事證」來呈現方案的成效，並說服贊助組織與社會大眾共同參與組織所推動的方案，感到興奮與好奇。之後，自己也參與麻薩諸塞灣聯合勸募立基於此模式所研發出來的《門裡、門外：協助以信仰為基礎的組織評量、學習與成長的工具》（*Inside Out: Tools to Help Faith-Based Organizations Measure, Learn and Grow*）這本書的翻譯工作；也投入台灣聯勸為了導入這個模式所推動的「展能計畫」；同時，自己在東海社工系「服務方案設計與評估」這門課的教學中，也以此模式為主要教材。

在這麼多年教學以及與實務組織接觸的經驗中，我深深覺得這個模式是一個可以協助實務組織／工作者將自己在做什麼——觀察到服務對象需要做什麼改變？我們可以做什麼來促成改變？為什麼想要這樣做？做了什麼？最後促成哪些改變？說清楚、講明白的一個思考歷程與工具。所以它並不是一套「規範」——透過台灣聯勸經費補助的機制，來規範申請補助的組織可以做什麼、不可以做什麼；而是讓各組織與實務工作者可以將自己的經驗轉化為可供分享及傳遞智慧的工具。也因此，我也一直在想，是否可以有更淺顯易懂的方式來教／談這個模式，讓學生及第一線的實務工作者可以在實做中瞭解這個模式的核心思維，也學得這個模式的技法。

本書的第一版是將「成效導向的方案規劃與評估」這個模式的操作步驟予以結構化地整理出來，讓讀者有依循的準則；但這樣的整理充其量只能說是一本工具書或操作手冊，還談不上是推介一個思考模式的著作。第二版則加上許多我自己這十多年來教學及接觸實務組織／工作者的經驗，放入許多生活及實務上的例子，嘗試從「引導讀者如何運用這個模式來思考自己的方案」這樣的角度來書寫本書的內容。亦即，我希望這不是一本「說教」，或是「推銷」這個模式的書，而是可以幫助讀者透過本書的引導，來整理自己寶貴的「實務智慧」（practice wisdom），且具有啟發性的著作；同時，也希望本書可以協助讀者以不同的姿態——將自己置身到服務對象身邊，真正地瞭解他們後，來思考、規劃與實踐貼近服務對象的方案。

　　本書能夠順利出版，要感謝中華社會福利聯合勸募協會的全力協助，特別是審查稽核部門（現已改制為協作部）多年努力所累積的資料與實務經驗；也要感謝前秘書長文良不遺餘力地催生本書的改版，也在本書寫作過程中提供許多寶貴的建議；研發部主任靜芸辛苦地協調各項工作、一路盯緊進度，以及對本書內容細心地校對；專員湘絜協助蒐集成效評量模式的相關著作；研發委員會召集人張淑慧老師對本書的指正。也要感謝提供本書重要案例的吉祥臻基金會、博幼基金會、花蓮五味屋、台灣失智症協會、台灣晨曦會苗栗戒毒輔導村、基督教台中更生團契、勵馨基金會、兒童暨家庭扶助基金會南投分事務所，以及楊珺雅小姐、廖靜芳小姐、賴韻如小姐，由於您們的慷慨分享，讓本書的內容更加豐富。也要感謝這幾年來修習東海社工系「服務方案規劃與評估」這門課的同學們，由於大家的在這門課中的參與、投入、討論及提問，給了我許多思考的養分，也讓我更有動力加速完成本書的改版。同時，也要感謝海棠基金會執行長陸宛蘋女士對本書第一版的審閱，以及在改版過程中提供寶貴意見；台南市老吾老養護中心主任謝菊英修女對本書

提供諸多實務操作上的建議。在寫作過程中，要感本書的研究助理宸耀對諸多觀點提出質疑，並不吝分享自己的想法；我的教學及研究助理騰翔、婉茹、天安協助本書文字的校對，也提供許多插畫的發想與靈感。在出版過程中，感謝插畫家湯翔麟先生容忍我的挑剔，耐煩地完成各章的插畫；巨流圖書公司的編輯黃麗珍小姐、沈志翰先生及張惠惠小姐的辛苦付出。也要感謝我的太太佳欣對我的全力支持，讓我可以專心地投入教學、研究及實務工作中。最後，要感謝給我恩典與力量的上帝，因為祂，成就了世上一切的美好，包括這本書的出版！

鄭怡世
2015年1月

本書專屬網頁說明

　　為了協助讀者更清楚瞭解「成效導向的方案規劃與評估」這個方案模式的重要觀念，並一步一步地構思及生產出貼近服務對象、對服務對象有所助益的方案，本書提供三個示例，以及引介、修改或自行設計不同的【工作表單】與【小幫手】供讀者瀏覽及下載。

　　您會在本書的各章中，看到可以瀏覽及下載這三個示例、【工作表單】與【小幫手】的網址及QR-Code。您只要在網頁上輸入本書專屬網頁的網址，或運用您的行動裝置掃描此QR-Code，便可進入本書的專屬網頁，依指示點選您希望瀏覽及下載的內容。

本書專屬網頁網址：

http://210.65.244.8/OrgDownload/OM/OM_download.aspx

QR-Code：

目　次

再版推薦序　i

作者序　iii

本書專屬網頁說明　vi

第 1 章　緒論　001
壹‧本書所定義的方案　　　　　　　　　　　　　　　　　003
貳‧什麼是成效導向的方案　　　　　　　　　　　　　　　006
參‧準備規劃成效導向的方案　　　　　　　　　　　　　　008
肆‧本書的架構　　　　　　　　　　　　　　　　　　　　010

第 2 章　釐清「誰」、發生了什麼事　017
壹‧誰，發生了什麼事　　　　　　　　　　　　　　　　　020
貳‧從什麼觀點／角度來思考目標群體改變的標的　　　　　025
參‧將「誰、發生了什麼事」書寫出來　　　　　　　　　　030

第 3 章　確認到底是「誰」、需要什麼服務　035
壹‧從服務對象的「問題面」切入　　　　　　　　　　　　038
貳‧從服務對象的「需求面」切入　　　　　　　　　　　　042
參‧從服務對象的「經驗」切入　　　　　　　　　　　　　049

第 4 章　勾勒方案的整體圖像　057
壹‧界定方案的範圍　　　　　　　　　　　　　　　　　　058
貳‧呈現方案的核心觀點與範圍　　　　　　　　　　　　　067
參‧以邏輯模式來勾勒方案的整體圖像　　　　　　　　　　068

第 5 章　設定方案的目標與目的　079
壹‧目標（Goals）　　　　　　　　　　　　　　　　　　081
貳‧目的（Objectivities）　　　　　　　　　　　　　　　083

第 6 章　描繪方案的活動或服務內容　089
壹‧描述服務定義　　　　　　　　　　　　　　　　　　　089
貳‧訂出活動或服務的具體項目與內容　　　　　　　　　　091
參‧畫出服務流程圖　　　　　　　　　　　　　　　　　　093
肆‧設計相關表單　　　　　　　　　　　　　　　　　　　093

第 7 章　決定資源投入的程度　097

壹‧資源投入（Input）　　　　　　　　　　　097

貳‧編列預算（Budgeting）　　　　　　　　　102

第 8 章　規劃與執行成效評量　117

壹‧發展成效評量的邏輯模式　　　　　　　　121

貳‧確認成效與指標　　　　　　　　　　　　128

參‧構思如何蒐集所需資料　　　　　　　　　133

肆‧撰寫成效評量報告：

　　以「社會工作研究方法教學成效評量報告」為例　141

第 9 章　撰寫方案計畫書　145

壹‧方案前篇　　　　　　　　　　　　　　　147

貳‧方案主體內容　　　　　　　　　　　　　147

參‧方案後篇　　　　　　　　　　　　　　　149

後記　　　　　　　　　　　　　　　　　　　149

參考文獻　151

附錄一　155

附錄二　157

chapter

1

緒論 ∷∷∷

　　在進入本書正式內容前，請您先回答一個看起來很愚笨／稀鬆平常，但也很根本的問題：「為什麼要進行方案規劃？」我想大多數接受過社工養成教育的各位，應該會有一個制式的回答，就是「滿足服務對象的需求，解決服務對象的問題。」如果這個答案成立，那我們要進一步追問，在這個前提下「誰是方案規劃的主角？」、「方案規劃者的角色是什麼？」

　　也許我們可以閱讀以下這則摘錄的新聞報導，來回答上述追問：

　　〔記者張軒哲報導〕台中啟明創校四十五年，視障生首度出國參加發明展，……，國中部弱視生施清文不捨視障母親每天自帶便當辛苦按摩助家計，中午卻要吃冷飯菜，決定發明可以加熱的便當盒，他在一般鐵製便當盒設計真空夾層與加熱裝置，上層還可放餐具，將插頭插電後，飯菜就可加熱，讓媽媽有熱騰騰飯菜可吃。施清文說，媽媽按摩很辛苦，用按摩的收入支持他投入發明，他將這個加熱便當盒送給媽媽當母親節禮物。國中部林家其指出，因自己全盲要分辨錢幣難度高，每次在存錢筒拿到一堆錢幣，很難分辨幣值，利用斜坡道與篩幣孔，將一、五、十、五十元硬幣投入錢筒，硬幣會依大小自動滾入下方的分類盒。高中部全盲生王郎綺表示，自己很怕日曬，外出習慣撐傘，但夏日熱氣逼人，設計出傘柄表面多個氣孔，裝入送風通道與鼓風機，並裝設降溫開關，夏日撐傘臉部還能感受涼風輕送。（引自自由時報，2013年5月7日）

在這則報導中，三位設計者都是希望改變某種狀態，例如第一位設計者希望改變媽媽辛苦工作卻要吃冷便當的狀態；第二位設計者想改變自己從存錢筒中拿出錢幣時無法分辨出不同幣值錢幣的狀態；第三位設計者想改變夏日撐傘但臉部仍會感到炎熱的狀態。他們都希望透過改變某種狀態，讓使用者更便利，讓生活更美好。也就是說，這三件優秀的設計作品，主角無疑都是產品的使用者。

此外，讀者應該也注意到，三位設計者在設計這些產品時，所有的思維及動作，都圍繞著「想將什麼狀態改變成什麼狀態」這個核心的想法在發展，我們稱圍繞著這樣的核心想法而不斷向前滾動的發展歷程為「內在邏輯」。以施同學為母親設計的加熱便當盒為例，他先是發現母親會自己帶便當（如果母親是外食族，他可能就不會想出這樣的設計）；然後發現母親吃自己帶的便當時，便當中的飯菜會因放置一段時間而冷掉，所以他運用適當的材料，再加上電力傳導、熱能流動……等經驗及知識，並且將自己投身於其中不斷地思考、操作、測試，進而設計出「加熱便當盒」；更重要的是，這個加熱便當盒必須讓施媽媽覺得好用而且願意持續使用（例如不能漏電、不能燙手，要好攜帶……等），這樣才能真正改變施媽媽吃冷便當的狀態。從中我們看到，施同學所發明的加熱便當盒，其實是由「我要讓媽媽從吃冷便當到能吃到熱食」這個「內在邏輯」所引導，在這個發明的歷程中，一切的動作都必須切合這個內在邏輯，才會出現這麼一個讓人驚艷的設計或發明。

事實上，當您（或方案規劃團隊）在進行方案規劃時，您（們）就是一位設計師——以服務對象為主角，將自己投身其中，充分地瞭解服務對象，並思考希望服務對象從什麼狀態改變到什麼狀態；在經驗及知識的引導下，設計出貼近服務對象，讓服務對象感到舒適、願意持續使用服務的方案。也因此，本書希望透過各章的內容，一步、一步地引導我們一同朝向「優秀的方案設計師」這個方向前進。

壹 本書所定義的方案

　　方案可以說是以一套有系統的方式，運用各項資源，執行各種相關、可行的活動來達成事先決定的目標的一系列過程（Netting, Kettner and McMurtry, 2008; Weiss, 2010）。然而，這樣的定義好像範圍大了些，舉凡像政府所實施的社會福利制度（例如全民健保、國民年金制度……等），或是同學為了籌辦畢業晚會這種單一次的「活動」所做的一切的努力，都符合這樣的定義。但因為前者牽涉到國家體制、政策、預算等層次的議題，非本書所能處理；後者因為較難透過一次性的活動而具體看出服務對象持續性的改變；所以這些類型的計畫或方案，並不是本書所指稱的方案。

　　本書所謂的方案，是指投入於人群服務的工作者，意識到或觀察到有某個／些群體須要產生一些改變，在深入瞭解這群服務對象後，思考可行的策略，並將這些策略轉化為一連串具體的服務或活動提供給這個／些群體來促成其改變；同時，在執行或提供這些服務或活動的過程中，或執行完畢後，檢視服務對象是否因著所提供的服務而產生改變？產生了哪些改變？並反省各階段、各層面的執行經驗（包括成功與失敗的經驗），來持續改善服務。也因此，在這樣的思考下，一個完整的方案大致會經歷四個主要步驟：

　　一是構思，即思考方案要促成什麼改變？為什麼要促成這樣的改變？做什麼事才能促成改變？以及做了之後是否真的有促成改變？而這一路的思考必定會有個「內在邏輯」在引導，我們要留意不同階段的思考，是否脫離了這個「內在邏輯」（例如某方案宣稱要讓服務對象脫貧，但其服務內容僅為服務對象進行遊戲治療這項單一的服務，這便可能會讓人對其「內在邏輯」感到疑惑）。當然，這樣的構思過程是辛苦的，也需要一些資源與工具的協助，所以在之後的章節裡，將一步、一步地引導並提供適當的資源與工具來協助各位讀者。

　　二是將構思的結果書寫下來，形成一份完整的書面文件，我們稱這樣的書面文件為方案計畫書。透過此計畫書，一方面可以作為溝通

與說服的工具，以爭取更多資源，所以必須在方案計畫書中將自己要做的事、如何做、做了之後可以達到什麼樣的成果等事項，以及方案的「內在邏輯」寫清楚，讓方案的相關關係人可以清楚明瞭方案的整體結構與內容；另一方面，方案計畫書可以作為「施工的藍圖」，讓這些相關關係人透過方案計畫書瞭解自己在什麼時候應該要做什麼事。

三是實際執行方案計畫書的內容。這是屬於方案管理的範疇，其牽涉到管理及執行方案的組織所擁有的資源、其內部的規範，以及外部的制度與政策環境……等因素，而這些因素並非本書所能完全掌握，所以有關這部分的討論本書予以略過。

四是改善方案與發表、分享方案的成果。這是一項重要的工作，管理及執行方案的組織透過詳盡整理方案的執行過程與所獲得的成果與成效，對組織內部具有檢討改善、經驗傳承、決策參考等功能，特別是可以透過方案的評量結果，提供決策／管理者以及實務工作者有用的資訊，來調整及改善方案的內容，讓方案更貼近服務對象。此外，方案對外也可作為責信的工具，讓贊助者及社會大眾清楚瞭解我們做了什麼、為什麼這麼做，以及這麼做獲得哪些成果。

透過發表、分享方案的成果並與同業社群（例如社會工作專業社群）相互交流以增進專業成長，在近幾年來受到許多組織及實務工作者的重視，有許多組織及實務工作者整理其方案的執行過程與成效加以發表，例如：陳韻如、李俐俐（2009）；杜瑛秋等（2009）；馬梅芬等（2007）；黃俊凱、呂朝賢（2007）……等。也有些補助或指導單位透過舉辦「方案成果發表會」，邀請所補助或指導的組織共同分享方案的成果，讓組織的經驗得以傳佈並與各界交流，促進組織專業的成長，例如內政部兒童局（現已改制為衛生福利部社會及家庭署）曾於2006年邀請其所補助執行新移民家庭弱勢兒少外展服務的組織，分別於台北、台中、高雄舉辦三個場次的方案成果發表會；又例如中華聯合勸募協會曾於2009年11月20日舉辦「社區影響力展能計畫成果發表會」，邀請有接受該會導入「展能計畫」的組織，於會中分享他

們參與及投入「以成效為導向的方案規劃與評估」的具體成果；該會亦曾於2013年8月8日至9日辦理「樂齡360高齡服務實務經驗分享工作坊」，邀請11個長期在社區中陪伴長者，從事送餐服務、健康促進、友善環境，以及社區網絡建構等服務的組織，發表其方案成果，與各界分享及交流。

以上這四個方案發展的實務步驟，我們以圖1-1來呈現之。

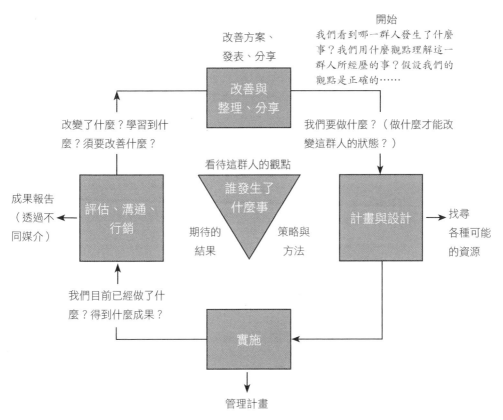

圖1-1 方案發展及管理概念圖

資料來源：改寫自W. K. Kellogg Foundation（2001：9）。

貳 什麼是成效導向的方案

　　從實務經驗來看，社會工作的主要任務是促進社會變遷，協助社會中某個群體透過特定的方式產生改變；而社會工作也經常透過一個又一個方案來促成服務對象的改變。因此，方案的良窳便成為展現社會工作專業能力的重要指標。然而，要具體展現方案所促成的改變，並不是在整個方案執行後才蒐集資料來呈現或證明之，而是在構思方案之初，就必須仔細、認真地思考這個方案要讓服務對象產生什麼樣的改變，然後再回過頭來思考可以運用什麼樣的策略與方法促成這些改變。以這樣的模式來構思方案，美國聯合勸募協會（United Way of American）稱為「以成效為導向的方案規劃與評估」。亦即「以成效為導向的方案規劃與評估」這個方案模式強調，我們在構思方案時是以「成效」為核心來思考，即先思考成效，再回過頭來一步、一步地推演出方案的內容。誠如美國家樂氏基金會（W. K. Kellogg）評估小組召集人Beverly Anderson Parsons所言：「過去幾年我已大幅修正我的邏輯思考方式，我開始相信，如果您在計畫活動前先思考成效，那麼您會獲得很不一樣的結果」（引自W. K. Foundation, 2001: 15）。

　　從以上的討論我們不難發現，「成效」是「以成效為導向的方案規劃與評估」這個方案模式的核心概念。但什麼是「成效」？本書採用United Way of American（1996: 18）與Kettner, Moroney and Martin（2008: 9）的定義，將成效定義為：「服務對象在其接受社會服務方案的過程中或接受服務方案後，所產生的改變；而所謂改變包括接受服務者在行為、技能、知識、態度、價值、狀態或其他面向上的改變。」如果對照到本章一開始的例子，我們可以這麼說，施同學「希望讓媽媽從吃冷便當到能透過我所設計的便當盒吃到熱食」就是所謂的「成效」。

　　但如何檢視服務對象是否有因為我們所實施的方案而產生正向的改變呢？首先，我們必須先確認「誰」發生了什麼事（而這個「誰」就是我們的「服務對象」），然後思考這個方案「想看到服務對象產

生什麼改變？」接著思考要促成這樣的改變可以採行哪些策略與方法，以及所須投入的資源；最後則是思考如何評量方案介入後服務對象所產生的改變，包括計算服務的產出（output）、瞭解所提供的服務是否讓服務對象產生改變、產生哪些改變？這一系列的過程，每一個環節都是環環相扣，彼此之間具有強而有力的邏輯性及合理的因果關係（詳如圖1-2），而這種方案內在環環相扣的邏輯性與因果關係，我們稱之為「邏輯模式」（logic model）。

也因此，「邏輯模式」是一個協助實務工作者將自己的實務工作說清楚、講明白——觀察到服務對象需要做什麼改變？想要做什麼來促成改變？為什麼想要這樣做？做了什麼？促成哪些改變？的一個思考歷程。所以它並不是一套「規範」——規範方案規劃者或組織要做什麼、不能做什麼，而是讓我們將實務的作法與經驗轉化為可供分享及傳遞的智慧與知識的一個工具。我們希望本書除了詳盡介紹以及引導讀者透過「以成效為導向的方案規劃與評估」這個模式來進行方案的規劃與評估外，還希望能為人群服務組織及社會工作社群累積更多「實務的智慧」（practice wisdom）略盡棉薄之力。

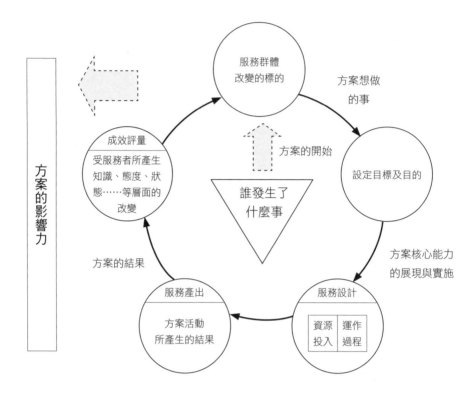

圖1-2 「成效導向的方案規劃與評估」之「邏輯模式圖」
資料來源：感謝許宸耀先生繪圖整理。

參 準備規劃成效導向的方案

　　正如前述，「以成效為導向的方案規劃與評估」是一種思考模式，藉由這個模式來思考及呈現方案的理念、策略、方法，以及可以為服務對象帶來什麼樣的改變，並觀察方案長久推動後所可能產生的影響（impact）。所以這樣的思考模式可以適用於各種類型的方案，包括直接服務型、社區型、倡導型的方案，或是創新型的方案，或是已執行五年、十年、廿年的方案。在進行以「成效導向的方案規劃與評估」前，建議您個人以及組織先進行下列的準備：

　　一、獲得決策者或決策團隊的支持：當我們決定以「以成效為導向的方案規劃與評估」這個模式來進行方案規劃與評估時，一定須要動用到組織的資源，包括人力資源及物力資源，所以必須獲得決策者的支持，這樣才有助於規劃工作的進行。

　　二、形成工作團隊：「以成效為導向的方案規劃與評估」這個方案模式是一個繁複、需要眾多人力投入的過程，若是由一個團隊來執行，將會使得這項工作進展得更順利。這個團隊的成員可以包括方案的督導（或經理）、方案的規劃者與執行者、組織所指派的代表、組織外的專家；如果可能，還可邀請組織的高階決策人士（例如董／理事會的成員、執行／秘書長），甚至是一、二位服務對象來參與。形成工作團隊是希望讓方案規劃者與執行者感覺不是個人在單打獨鬥，而是有一群人共同協力為同一個目標而努力，同時也透過這個工作團隊來獲得多元的觀點及意見（The Urban Institute, 2003a: 2）。

　　三、取得參與者的共識並釐清職責：由於工作團隊的成員來自不同的專業與場域，對方案規劃與評估的想法不一定有一致的共識，所以有必要先釐清團隊成員的想法，並取得共識；接著也要確定參與成員在方案形成前及形成後的職責，以做好分工。

　　四、確定工作時間表：規劃與執行「以成效為導向的方案規劃與評估」是需要時間的，但也不可能無限期地進行。所以在形成工作團隊後，可以將所有的工作區分為幾大項，並訂出每大項的工作時間表。如果我們的團隊對於「以成效為導向的方案規劃與評估」這個模式還不太熟悉，那麼就不要將時間表訂得太緊湊，寧可用充裕的時間「將事情做對」（The Urban Institute, 2003a: 2）。

肆 本書的架構

本書的主要目的，除了介紹「以成效為導向的方案規劃與評估」這個模式，以協助實務工作者可以發展出創新、對服務對象有所助益的方案外，也希望可以藉由各章的內容，協助讀者一步、一步地構思及生產一份完整的方案。以下概述各章所含括的內容。

第一章　概論

本章首先說明本書所理解的「方案」是什麼，並描述一個完整的方案所必須經歷的歷程；接著說明本書進行方案規劃與評估的主要取向——「成效導向」，解釋這個取向的意涵以及操作步驟；最後則是說明本書的架構以及各章的主要內容，並介紹本書會使用到的表單——這些表單是輔助讀者思考與發展方案內容很好用的工具。希望透過這樣的介紹，讓讀者對本書的內容有較清楚的輪廓。

第二章　釐清「誰」發生了什麼事

這一章的重點是透過實務的案例，協助讀者瞭解可以從不同的視野／觀點來理解我們所關心的群體所發生的事。在這一章中，我們提出幾個將自己所採用的視野／觀點，以及如何在這樣的視野／觀點的引導下，將方案要做什麼說清楚的方法；同時也協助讀者將方案所要服務的群體清楚地表述出來。

第三章　確認到底是誰、需要什麼服務

於本章中，我們介紹三個探究「到底是誰、需要什麼服務」的模式，第一個模式是從服務對象的「問題面」切入，來探究問題的成因，並思考方案如何處理服務對象所面臨的問題；第二個模式是從服務對象的「需求面」切入，來思考方案如何滿足服務對象的需求；第三個模式則是從服務對象的「經驗」切入，在深刻地描繪與理解服務對象的處境脈絡後，來思考方案可能介入的方向。在本章的最後，我

們引用「減肥」這個多數人習以為常的生活事件，示範如何運用這三個面向來思考與探究「到底是誰、需要什麼服務」這個議題。

第四章　勾勒方案的整體圖像

　　由於方案有其特定的任務與時間限制，所以方案不可能處理服務對象所有的事情，因此有必要界定方案的範圍，以確認方案要做哪些事，並以此引導出方案的完整內容。在這一章中，我們介紹三個方法：藉由整合服務對象的問題、需求與經驗來界定方案的範圍；藉由定位處理哪個層次的議題來界定方案的範圍；以及藉由特定的理論觀點來界定方案的範圍；並說明這三個方法的操作步驟。其次我們說明如何在界定出方案的範圍後，提出方案的核心觀點，接著引介由美國家樂氏基金會（W. K. Kellogg Foundation）所發展出來並經本書稍作調整的「方案邏輯模式圖」，協助讀者將方案的整體圖像勾勒出來。最後則是以一則實例來說明在描繪「方案邏輯模式圖」時須注意的事項。

第五章　設定方案的目標與目的

　　在經過第二、三、四章的思考與討論，勾勒出方案整體的圖像後，我們須要進一步將這樣的圖像具體地描繪出來。本章我們將引導讀者把方案的目標與目的書寫出來。方案的目標與目的可說是將方案希望達到的理想予以具體化，同時也是方案在進行評估時所依循的基準，故有其重要性。除了說明目標與目的定義外，本章也詳細說明在思考及書寫方案的目標與目的時所須涵蓋的面向與注意事項。

第六章　描繪方案的活動與服務內容

　　這章的重點是放在如何思考及陳述為了達到方案的目標及目的所須從事的活動或服務內容，以及這些活動或服務內容如何運作。本章提出幾個描繪方案的活動與服務內容的重要元素，包括：描述服務定義、訂出活動或服務的具體項目與內容、畫出服務流程圖，以及設計

相關表單，並以實務案例協助讀者將這些元素一一書寫出來。

第七章　決定資源投入的程度（含預算規劃）

在確定方案的活動／服務內容後，接著要思考的是，為了完成這些活動或服務內容，方案須投入哪些資源，並依據所需的資源來編列方案的預算，以確認方案的規模以及財政。在這一章中，我們提供「單項預算」與「方案／功能預算」兩種不同編列預算的方法，並以實務案例來說明如何運用這兩個編列預算的方法來編列預算。

第八章　規劃與執行成效評量

第二至七章是協助讀者一步、一步地將方案的內容規劃出來，但如何瞭解服務對象是否有因接受了方案的服務而產生改變，以及產生什麼樣的改變，這就必須藉由方案的「成效評量」來理解。在這一章中，我們針對四個步驟：發展成效評量的邏輯模式、針對每個成效發展可觀察與可測量的指標、針對各指標構思如何蒐集資料、針對所蒐集到的資料進行分析並撰寫成效評量報告，來進行說明與討論，以協助讀者瞭解如何進行方案的成效評量。

第九章　撰寫方案計畫書

在方案構思、規劃完成後，必須將其轉化為具體的書面文件，我們稱這樣的書面文件為方案計畫書。方案計畫書可以作為溝通、流傳，甚至是據此爭取資源的工具。於本章我們提供一個撰寫方案計畫書的架構及格式供讀者參考，希望可以協助讀者完成一份完整的方案計畫書。

以上各章的內容，我們可以進一步歸納為三大單元：一是釐清方案的範圍及觀點；二是發展方案的內容；三是規劃方案的成效評量。每一單元我們或引介、或設計不同的工作表單供讀者使用。例如為協助讀者在釐清方案的範圍及觀點時有輔助工具可使用，我們引介由美

國家樂氏基金會（W. K. Kellogg Foundation）所發展出來並經中華聯
合勸募協會稍作修改的「方案邏輯模式圖」（詳如【工作表單一】）
給讀者；又例如為了協助讀者在「發展方案的內容」以及「規劃方案
的成效評量」時，有一邏輯思考的輔助工具，我們特別設計了【工作
表單二】及【工作表單三】供讀者參考及使用。這三大單元與本書所
設計的表單之間的關係，我們以圖1-3、圖1-4，以及圖1-5加以說明。

♥ 【工作表單一】 方案邏輯模式圖

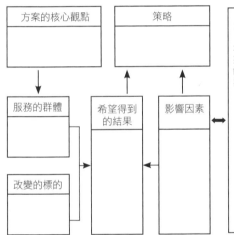

壹、釐清方案的範圍與觀點：

本書第二章、第三章以及第四章的內容，主
要是在「釐清方案的範圍與觀點」。讀者若
能完成【工作表一】，將可確認方案的範圍
與觀點。
· **第二章 釐清誰發生了什麼事：**我們觀察
到誰發生了什麼事；不同視野／觀點如何
理解這些所發生的事；確認服務對象要改
變的標的。
· **第三章 釐清到底是誰需要什麼服務：**藉
由三個不同模式，來釐清到底是誰需要什
麼服務。
· **第四章 勾勒方案的整體圖像：**確認方案
所要做的事，提出方案的核心觀點。

圖1-3 「釐清方案的範圍與理論觀點」與【工作表單一】的關係圖
註：這三個【工作表單】的空白格式，讀者可以點選此 QR
　　Code，或進入此網址 http://210.65.244.8/OrgDownload/
　　OM/OM_download.aspx 瀏覽或下載之。

♥ 【工作表單二】 方案規劃的邏輯思考輔助表

方案所欲改變的標的	方案的核心觀點	方案的目標 (Goals)	方案的目的 (Objectives)	投入資源	方案活動或服務內容

貳、發展方案的內容：

本書第五章、第六章以及第七章主要是協助讀者「發展方案的內容」；讀者可以以【工作表單二】來作為邏輯思考的工具。

· 第五章 設定目標與目的：目標是對於方案所欲達到的最終影響或理想的陳述；而目的則是指在特定的時間內，預期達到明確、可測量的結果。

· 第六章 描繪服務方法與內容：為了達到方案的目標及目的所需從事的活動或服務內容，以及這些活動或服務內容如何運作。重點包括：描述服務定義；訂出活動或服務的內容；畫出服務流程圖；以及設計相關表單。

· 第七章 決定資源投入的程度：為了完成這些活動或服務內容，方案需投入哪些資源，並依據所需的資源來編列方案的預算，以確認方案的規模以及財政。

圖1-4 「發展方案的內容」與【工作表單二】的關係圖

♥ 【工作表單三】 方案成效評量的邏輯思考輔助表

方案活動或服務內容	服務成效	評估指標	蒐集資訊的方法		
			蒐集資料的方法	誰負責蒐集資料	蒐集資料的工具

參、規劃與執行方案的成效評量：

本書第八章的內容，主要是討論如何進行方案的成效評量。方案的成效評量大致可分為四個階段：發展成效評量的邏輯模式、確認指標、構思如何蒐集資料、分析資料，以及呈現成效評量的結果。讀者可以以【工作表單三】來作為此單元邏輯思考的工具。

圖1-5 「規劃與執行方案的成效評量」與【工作表單三】的關係圖

本章學習／操作重點

您現在已準備要進入方案規劃的階段了，是否可以回答下列問題？

❶ 您要以「以成效為導向的方案規劃與評估」來規劃一個全新的方案？還是在舊有的方案基礎上發展新的服務？還是透過這個模式來重新整理舊的服務方案的思考邏輯？

❷ 誰對這個方案的內容具有決策權？哪些人是您的團隊成員？決策者給予這個方案規劃團隊的授權為何？

❸ 您有多少資源、時間來規劃這個方案？

❹ 這個方案的服務對象是誰？您對他們瞭解程度為何？需要用什麼方法、用多少時間去瞭解他們？

您還在焦慮嗎？就跟著本書以下各章節做就對啦！

~ Just do it ~

釐清「誰」、發生了什麼事

在進入第二章之前，我們先來進行一個小小的思考與活動。

思考與活動 2-1

一、曾有人說，要考驗一對情侶的感情，最好的方法就是讓他們去進行一次自助旅行。為什麼會這樣呢？

二、若您們是一個方案規劃團隊，請團隊成員依以下情境各選擇一個角色來扮演。假設您目前家庭的成員有祖母、祖父、媽媽、爸爸，以及國一女、小四男，您們計劃暑假期間在台灣來一趟四天三夜的旅行。如果讓所有的家庭成員共同來商討、規劃這趟旅行，請記錄以下的討論結果。

  1. 每位家人對這趟旅行的期待是什麼？透過旅行想達到什麼目的（例如小四男說要去台北動物園看圓仔，因為同學都有去看，有去看才有面子、才不會輸給同學；祖父想去馬祖回憶當兵的日子；祖母想到度蜜月的太魯閣，透過旅行來追憶似水年華；母親想增進親子關係……等）。

  2. 每位家人考量的重點是什麼（例如經費預算、交通工具、時間……等）？

  3. 最後規劃出來的行程是什麼？這樣的行程是以什麼重點為考量？這趟旅行想達到什麼目的？

  4. 在討論的過程中如何達成共識？以誰的想法為主？為什麼會以她／他的想法為主？

在這個以旅行為例子的思考與活動中，我們可以發現：首先，每個人在考慮「旅行」時，其著重之處都不同，有人著重在經費、預算，有人著重在時間，有人著重在交通工具……等；此外，每個人對於「旅行的意義」（包括旅行所欲達到的目的）也都有不同的想法。這些差異來自每個人的價值、過往經驗（愉快或不愉快的）、知識、信念……等，而產生對於旅行這件事不同的理解與想像，且這樣的理

解與想像會讓我們規劃出完全不同的行程。可想而知，如果情侶或家庭成員間，因不同的理解與想像且又無法獲得共識，衝突自然會產生。再則，達成共識是一個漫長的協商過程，如果情侶或家庭成員可以更清楚地表達自己對於「規劃旅行所考量的重點」以及「旅行的意義」的想法，就愈有可能產生一個讓大家都感到滿意的行程；當然，這必須是情侶或家庭成員間彼此是開放及信任的，愈是開放、信任，每個人就愈願意將自己的想法表達出來；有充份的溝通、協商、討論，那麼情侶或家庭成員對結果的共識與接受程度也會愈高。

如果我們將規劃旅行這件事應用到方案的規劃與評估上，便會發現，思考服務方案就像規劃一趟旅行一樣，會有一套對於「方案到底要達到什麼目的」的想像。這樣的想像首先是來自在服務過程中，觀察到某個群體——我們稱之為「服務對象」發生了一些事（例如兒童目睹家庭暴力、未成年未婚懷孕少女沒有適當的安置處所、中年婦女無預警地失業……等），希望他們的狀況能有所改變——我們將其稱之為「改變的標的」（例如目睹暴力兒童的心靈創傷獲得療癒、未成年未婚懷孕少女可以有一個安穩的安置處所生下小孩、協助中年失業婦女穩定就業……等）。然而，雖然我們觀察到服務對象有須要被改變的標的，但要如何改變？改變到什麼程度？卻會因著每個人過往的經驗、學科／知識背景、價值信念，以及考量到組織所擁有的資源、能力而有很大的差異。而這種因著自己的經驗、學科／知識背景、價值信念、資源、能力的不同，而對目標群體改變的標的有不同的想像，正是牽引一個方案最根本，但卻也是隱而未見的基礎。

簡言之，當我們開始思考一個服務方案，必定是觀察到有某個群體發生一些事（可能是結構因素所造成的，也可能是個人因素所造成的；也可能是他們正在經歷著某些問題，或是某些需求沒有被滿足……等），他們有著某個／些須要被改變的標的。所以，確認服務對象，以及我們如何理解與看待這群服務對象所發生的事，以及其須要改變的標的，便是「以成效為導向的方案規劃與評估」這個模式的起點與基礎。本章的重點在協助、引導讀者一步、一步地釐清我們的

服務對象是誰；我們看待服務對象的觀點是什麼；以及如何將服務對象具體而明確地表述出來。

壹 誰，發生了什麼事

　　承上所述，我們之所以想規劃一個社會服務方案，無非是希望透過方案讓目標群體的狀況獲得改變。所以「誰，發生了什麼事」是「以成效為導向的方案規劃與評估」這個模式思考的起點，當我們能清楚地說出到底是誰、發生了什麼事時，就比較能夠具體地想像與描繪方案的整體圖像，包括可以回應或處理這樣的問題到什麼程度？可以達到預期的理想是什麼？可以用什麼樣的策略與方法、須要投入多少資源來達到這樣的理想……等。

　　然而，要清楚地說出「誰，發生了什麼事」是複雜且困難的，因為這牽涉到我們從什麼角度看待目標群體所發生的事，以及我們到底看到了什麼。【實務案例2-1】、【實務案例2-2】與【實務案例2-3】是國內三個組織所規劃與進行的課後照顧方案，我們來看看它們的差異在哪裡？請在閱讀這三個實務案例後，將您對這三個方案的理解和想法依序填入圖2-1（即【小幫手2A】）各空格中（若格子不夠可以自行增加；若格子太多也不一定要填滿每個空格）。

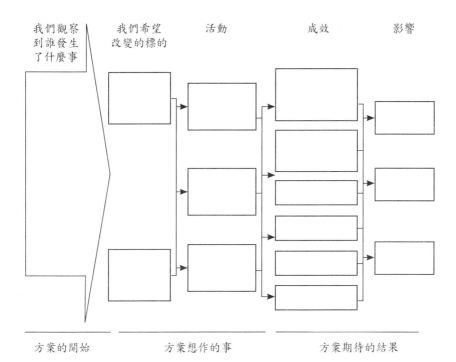

圖2-1 方案架構圖的空白格式（【小幫手2A】）

註：所有【小幫手】的空白格式，讀者可以點選此 QR Code，或進去此網址 http://210.65.244.8/OrgDownload/ OM/OM_download.aspx 瀏覽或下載之。

實務案例2-1

　　吉祥臻社會福利事業基金會緊鄰高雄瑞豐夜市，該會社工員針對弱勢家庭進行需求調查後發現，社區中有許多弱勢家庭的家長在夜市裡從事攤販工作，其工作時間是在夜間，所以他們的小孩放學後，絕大多數是獨自在家，或到夜市攤位做功課，且多數會和父母一起工作直到半夜或凌晨才回家，造成這些孩子長期被疏忽且睡眠不正常。於是該會決定開辦夜間照顧服務方案，服務時間是每日下午4時至翌日凌晨1時；服務內容包括生活照顧（提供晚餐，安排盥洗、就寢）；孩子的課後學習（督促寫作業、課輔）；以及才藝陶冶課程（包括音樂、美術勞作、兒童美語、體能律動、詩歌吟唱朗讀等）。這個方案希望社區中弱勢家庭的孩子可以獲得妥善的夜間照顧，讓這些孩子獲得基礎的營養、認識餐桌禮儀、夜間生活作息正常、穩定就學、學業進步、品格成長。長遠來看，這個方案可以減少孩子中輟的可能，增加孩子升學的機會，而避免貧窮的循環。

註：本案例摘錄自2008年財團法人吉祥臻社會福利事業基金會「點亮另一盞燈：吉祥臻夜間臨時托育服務計畫」計畫書。
資料提供：中華聯合勸募協會。

實務案例2-2

博幼基金會從其服務經驗中觀察到，原住民弱勢家庭在目前的社會結構、教育體制下，面臨經濟與文化雙重不利因素，而這種資源差距明顯反映在孩子課業學習成就的嚴重落差上。他們觀察民國94年到97年間，南投縣信義鄉國中生基測平均分數大約落在80分左右，相較全台均標151分，遠遠落後近70分，甚至不到台北市平均分數200分的一半（以總分300分計）。因此，該會以「社會支持網路」理念作為服務輸送的理論依據，亦即不把低學習成就視為是學生及其家庭的個別問題，而是與周邊大、小網絡系統息息相關，藉由投入更多的在地資源（基金會、課輔老師、教會等在地團體、家庭、學校）在個體的學習上，期望藉由提供弱勢家庭子女穩定且長期的課業補救教學，縮短其學習差距，讓弱勢學童擁有平等學習的機會，進而希望協助這些孩子脫離貧窮及預防犯罪。同時，該計畫是以「協助課輔學童穩定學習」及「提高學童課業成就」兩面向來進行成效評估；前者以學童出席率以及學童家長座談會出席率作為評估的指標；後者則是以學童在補救教學英語及數學這兩科主科成績進步的多寡來作為評估的指標。

註：本案例摘錄自博幼基金會2008年「關懷原鄉，弭平落差：南投縣信義鄉原住民學童課輔計畫」之計畫書。

資料提供：中華聯合勸募協會。

實務案例2-3

　　「五味屋——囡仔們ㄟ店」是花蓮縣壽豐鄉牛犁社區交流協會所設置，改建豐田火車站前的日式閒置空間「風鼓斗」的建築，以社區公益二手商店方式經營，作為鄰近村落兒童少年社區活動的主要場所。一棟原本殘破不堪、老舊的房舍，從嚴重漏水、白蟻侵蝕，重整為古色古香讓孩子們願意前來學習、成長的好所在。2008年8月30日開幕至今，五味屋的初衷不變，要做的買賣是——給社區孩子們一個真實的多元學習場域。週末，帶著功課到店裡一邊做功課、一邊做生意。

　　在這裡，要學會鄉下孩子應該有的五種味道：天真、勤儉、感心、親切與好用；要熟悉鄉村交易的本質——利中有情、情中有利。藉由真實生活參與，培養孩子們的興趣——自行去開發選擇，學著玩、學著喜歡。這裡沒有具體或系統化的計畫，眼前的需要，就是這裡的所有學習。沒錢買展示架，就找舊紙箱，發揮創意做成各式各樣的展示架；颱風來了要防颱，學習找漏洞、補缺口；東西賣完了、架子空了，學習募集物資、告訴別人自己的需要，客人來了問東問西、殺價討便宜，學習應對進退、言語得宜。

　　孩子們在五味屋工作換得工作點數，可在店內以點數換取生活所需、也用累積的點數與穩定的表現，贏得到外面參加活動、拓展視野的機會，「靠自己努力獲得」是五味屋孩子簡單又驕傲的工作原則。五味屋的營運則是與鄰近的東華大學攜手合作，在一群來自各方的志工參與下，五味屋漸漸熱鬧起來。在這破舊的老屋子裡，志工們只有一個單純的心願：牽起偏鄉孩子的手，讓他在世界中找到自己的位置。

註：以上文字摘錄自東華大學資網中心〈關於五味屋大小事〉。

五味屋網址：http://www.5wayhouse.org/index.html。

影音資訊可參考《客家新聞雜誌》第178集，網址：http://www.youtube.com/watch?v=17_N_KAeO8A。

如果您完成上述三個實務案例的「方案架構圖」，
可點選此 QR Code，或進入此網址 http://210.65.244.8/
OrgDownload/OM/OM_download.aspx 與本書所繪製的
「方案架構圖」進行對照。

貳 從什麼觀點／角度來思考目標群體改變的標的

從以上三個實務案例的閱讀與討論中，我們可以發現，無論吉祥
臻基金會、博幼基金會或是五味屋的工作團隊，他們都觀察到社區中
有須要進行課後照顧的弱勢家庭孩童，但是他們對於「為什麼這些弱
勢家庭的兒童會缺乏課後照顧？」以及「要如何改變弱勢家庭孩童缺
乏課後照顧的現況？」這樣的問題，卻有著完全不同的理解與想像，
也因此這三個工作團隊採取了不同的策略、方法與行動來處理課後照
顧這個議題。

對吉祥臻基金會而言，他們看到這群弱勢家庭的孩子是因為「社
區中有許多弱勢家庭家長，在夜市裡從事攤販工作，其工作時間是在
夜間，所以他們的小孩放學後，絕大多數是獨自在家，或到夜市攤位
做功課、和父母一起工作直到半夜或凌晨才回家，造成這些孩子長期
被疏忽且睡眠不正常」，所以他們採取「夜間照顧」的服務策略與方
法來協助這些弱勢家庭的兒童，讓他們在夜間可以接受妥善且安全的
照顧；他們預期的成果是：這些孩子因為在夜間獲得照顧與正常作
息，而有穩定及安全的身心發展，同時也希望社區中弱勢家庭的家長
可以因為基金會的服務而更穩定、更無後顧之憂地工作。博幼基金會
則是看到「原住民弱勢家庭在目前的社會結構、教育體制下，面臨經
濟與文化雙重不利因素，而這種資源差距明顯反映在孩子課業學習成
就的嚴重落差上」，所以他們採取「縮短城鄉學習落差的補救教學」
這樣的策略與方法來協助偏遠地區的孩子；他們預期的成果是：這些
孩子在接受這樣的課後照顧之後，能穩定地學習、提升學習成效，並

提升自己的競爭力，且認為長遠來看這些孩子可以透過教育來脫離貧窮。

　　五味屋的工作團隊雖然也是看到社區中弱勢家庭兒童需要課後照顧，但他們不同於上述以「提供替代性照顧」以及「課業輔導」為主軸的課後照顧服務，而是讓孩子在大人們的陪伴下，自己經營二手商店。但對五味屋的工作團隊而言，經營二手商店只是個「幌子」，其真正的目的是透過二手商店這個平台，讓孩子感受到自己是有能力的、是被看重的，以提升他們的自我價值感，當孩子的自我價值感提升了，他們會看到自己的能力、找到自己的位置。同時，五味屋工作團隊也透過家庭訪視，瞭解每位孩子的家庭問題，並引介適當的資源與處遇計畫來協助家庭。他們相信，孩子的自我價值感提升了，家庭問題獲得疏解，他們的學業低成就與問題行為也會跟著緩解；同時，這些孩子及家庭改變了，整個社區也會跟著改變。

　　也就是說，我們觀察到「誰，發生了什麼事？」，以及「希望改變的標的是什麼？」是構思方案的基礎。但為什麼會有這有樣的觀察，以及為什麼選擇這樣的改變標的，則與我們每個人從什麼樣的觀點／角度切入看待這些事有關，而這種看待事情的觀點／角度則是來自於我們（方案規劃者／團隊）的經驗、學科／知識訓練背景、價值信念；用學術的語彙來說，這就是所謂「理解社會現象的理論觀點」。Thompson（2000）認為理論是透過一連串假設與觀念的組合，來對社會世界中某個現象進行有系統的解釋。本書則認為，方案是針對複雜的現象／問題提出具體的解決策略、方法與行動，而這些策略、方法與行動往往是根基於實務工作者的經驗與智慧，所以本書所指的理論觀點並不特別指涉或限制在「已被實務界或學術界系統性地發展用以解釋某個現象或問題的理論」這種「高深的學問」，也包含實務工作者根基於自己的經驗與智慧而形成「行動背後的一組信念」，這組信念會指引方案採取特定的策略、方法與行動來促使服務對象的改變，並讓這些策略、方法及行動與改變的結果之間產生具體的關聯，也因此我們將其稱之為「改變的理論」（theory of change）。但本書也要強調，每個理論觀點僅是一種看事情／現象／問題的視角，當我們決定以某個理論觀點來解釋某個現象或問題時，其實也遮蔽了其他看待現象／問題的可能性。所以，我們須要瞭解自己方案的理論觀點其所抱持的視角是什麼，並敏銳到從這樣的視角可以看到什麼，無法看到什麼，這樣才不致於陷入獨尊某個理論觀點，而排除了其他觀看現象／問題的可能性。

　　理論觀點具有指引方案方向的功能，所以我們採用什麼理論觀點來理解或觀看某個現象／問題，其所產生的後續行動（以方案為例，就是要採取什麼樣的服務策略、提供什麼樣的服務內容，以及要做什麼樣的成效評估）也會不同。舉例來說，對於「兒童性侵害加害者」之所以會產生加害行為，有許多不同的理論觀點來進行解釋，其中「生理異常的觀點」認為：「兒童性侵害加害行為的發生，是受到加害者基因以及男性性激素的影響」（Hucker and Bain, 1990），若我們採用這樣的理論觀點來作為方案的理論基礎，那麼方案的處遇策略就會是對加害者施以藥物控制及治療。而「認知－行為治療模式」（cognitive-behavior therapy）這個理論觀點則認為，「由於加害者對性侵害事件認知的扭曲，以及對性侵害事件本身與對受害者所產生的傷害予以合理化，是造成兒童性侵害犯罪的主因」，所以其所採取的處遇模式會是透過適當的認知重構來矯治加害者的行為，以及協助加害者發展因應特定壓力情境的方法，以斷絕性侵害行為的發生（鄭怡世，2002）。但無論是「生理異常的觀點」或是「認知－行為治療模式」，其實都是從「病理」的視角出發，認為加害者是個人身心病理因素或缺損所導致，因而將處遇的重點放在個人化的矯治與輔導上。

　　王美懿、林東龍、王增勇（2010）曾以「家庭暴力加害人」為例，對於前述這種因為將加害人「病理化」，而去脈絡地將處遇重點放在導正家暴加害人偏差的暴力認知與行為的視角提出其觀察與反思，他們認為這種因單一化與簡化的視角而產生的處遇計畫，不但讓服務提供者與加害人之間的工作關係無法建立，也無助於受暴家庭家庭關係的維繫與重塑，反而為這樣的家庭製造新的混亂。王美懿社工

師在這篇文章中談到她個人的經驗，她將「暴力行為」與「施暴者這個人」分開，不以「犯人」、「病人」的視角來理解這群所謂的「加害人」，而是將他們視為「一個人」，透過讓他們自由地敘說自己的生命故事，從敘說中理解他們的無助、苦惱、憤怒、無奈……，在這樣一個平等溝通、對話氛圍中真誠地表達自己。她發現，透過這樣的方式反而可以讓「加害者」承認並為自己的暴力行為負責；也因為他們願意承認並為自己的暴力行為負責，而開啟了家庭重塑的契機。

思考與活動 2-2

一、請您（或團隊成員分別）針對您（們）的方案，說說看您（們）觀察到什麼現象或問題，以及您（們）認為服務對象須要改變的標的是什麼？

二、請您（或團隊成員分別）說說看您（們）的方案會用什麼策略、方法與行動來讓改變的標的產生改變？這些策略、方法與行動可以改變什麼？達到什麼效果？

三、請試著將您（們）上述經驗分享的結果表述出來，而形成這個方案的理論觀點。同時，也試著寫出這個理論觀點是從什麼樣的視角來理解現象／問題？以及這樣的視角看到了什麼，沒有看到什麼？

　　為了協助讀者能更清楚釐清自己所思考或觀察到「誰，發生了什麼事」，以及「改變的標的」，本書提供【小幫手2B】這個工具供讀者使用。【小幫手2B】共有三欄，第一欄可以寫出您（或您們這個方案規劃團隊）所思考或觀察到哪個群體發生了什麼事，例如您觀察到有一群已接受安置服務的遊民朋友，他們有重返勞動市場的意願。第二欄是描述您想改變這個群體的什麼狀態，包括您的組織以什麼觀點看待這個群體所發生的事，例如您觀察到這些遊民朋友雖有意願重返勞動市場，但對於自己重返勞動市場的自信心及能力有所懷疑，以致心存畏懼而不敢踏出第一步，因此希望藉由此方案重拾她們的自信心，並協助他們累積自己重返勞動市場的能力。第三欄則是描述您希望這個群體「從什麼狀態改變成什麼狀態」，例如希望這群遊民朋友可以重返勞動市場，並有穩定的收入。要特別說明的是，不見得這三欄一次就要填完，因為我們做這些思考時可能是循環的，而非線性的；也許在經過下一章確認服務對象的問題與需求後，會更清楚第二、三欄的內容，屆時再回過頭來填寫這兩欄的內容也可以。

♥ **小幫手2B　選擇方案服務對象輔助思考表**

觀察到哪個群體發生了什麼事 請說明您觀察到哪個群體發生了什麼事	改變什麼 請描述您想改變這個群體的什麼狀態	期待 請描述您們希望這個群體「從什麼狀態改變成什麼狀態」
已接受安置服務，且有就業意願的遊民	提升他們的自信心及重返勞動市場的能力	有能力重返勞動市場，並有穩定的收入
目睹暴力兒童出現心理創傷的癥狀	這些兒童的心理創傷獲得療癒	藉由遊戲治療療癒這些兒童的心理創傷

參 將「誰、發生了什麼事」書寫出來

　　以上針對「誰，發生了什麼事」提供讀者思考的方向，而這個「誰」就是我們的「服務對象」。但我們在表達服務對象時往往會過於籠統，例如我們可能會說我們的服務對象是「少年」，但少年其實是非常多元的組合，我們要服務面對十二年國教制度徬徨無措的少年？有人際困擾的少年？中輟的少年？還是藥物濫用的少年？如果我們將服務對象界定為「有藥、毒癮經戒治後進行社區化處遇的少年」，是不是比「少年」來得更具體而明確？又例如我們將服務對象界定為「離婚、喪偶且領有低收入戶補助的單親母親」，是不是也比「單親母親」來得更具體？從以上這兩個例子可以瞭解，當我們在確定與表達服務對象時，如果能具體寫出其範圍以及他們目前的狀態，那麼就能較具體且明確地表達出方案的「服務對象」。此外，由於資源與時間上的限制，方案往往只能在某個區域內實施，因此，在確定服務對象時，也必須考量方案實施的區域，例如「台中市西區離婚或喪偶且領有低收入戶補助的單親母親」。以下兩個實務案例可供讀者參考：

實務案例2-4

方案服務對象示例㈠

在財團法人吉祥臻社會福利事業基金會「課後照顧」的方案中，方案規劃者所界定的服務對象為：

> 高雄市鳳山、前鎮、小港、苓雅、新興、前金及旗津七個行政區中，弱勢家庭、高風險家庭、兒童少年保護個案、因重大事故陷入困境家庭之單親、隔代教養、新移民、中低收入戶、經濟弱勢之4-15歲之兒童及少年。

資料來源：財團法人吉祥臻社會福利事業基金會首頁（網址： http://www.chc.org. tw/service-afc.htm）。

實務案例2-5

方案服務對象示例㈡

在「高雄市潛在中途失明者及其家庭支持服務方案」中，方案規劃者所界定的服務對象為：

> 本方案計劃服務18至22歲設籍於高雄市的潛在失明者及其家屬。所謂潛在失明者係指符合下列條件之一者：
> 一、被診斷出視力逐漸惡化，病情尚未有效控制者；
> 二、低視力、視野狹窄等將來有失明之虞，但目前尚未達申請障礙手冊條件者；
> 三、最近二年因視力殘缺取得障礙手冊者。

註：感謝楊珺雅小姐提供本實務案例。

跟著本書動動腦：您如何理解獨居老人與遊民

以下兩個例子是本書作者在這幾年中所觀察到，在進行方案規劃時經常出現的思維。這兩個例子也許可以幫助我們重新省思自己是用什麼觀點／視野在理解與觀看服務對象。

一、為獨居老人舉辦康樂活動就是增加其社會參與？

近年來，台灣受到世界衛生組織（WHO）所推動「活躍老化」這個觀念的影響，希望讓老年人透過更多的社會參與以及人際網絡聯結來促進身心健康及生活品質；長遠來看，當一個國家的老人身心健康程度愈高，不僅可以讓老人更有尊嚴地生活，同時也可以減輕國家在醫療及照護上的成本與投資。也因此，這幾年來，從政府到民間都開始積極推動「樂活老年」的相關方案，其中有不少樂活方案的提案是要在社區中為獨居老人舉辦各種類型的康樂活動。然而，這些將「提升社會參與以及人際網絡聯結」窄化為「為社區中的獨居老人舉辦康樂活動」的方案，其實是對「活躍老化」這個概念缺乏深刻的理解，同時也沒有深入地去探究社區中獨居老人的需求及經驗的結果。

如果我們仔細觀察這些在社區中為獨居老人舉辦「康樂活動」的方案，會發現其論述基本上呈現出如此的樣態：由於獨居老人缺乏適當的社會參與及人際網絡，故當他在家中發生意外事件時，無法在第一時間得知並送醫而失去寶貴的生命（提案中經常會引用媒體對這樣的事件的報導來進行佐證），所以有必要透過這樣的方案來增進獨居老人的社會參與與人際網絡，避免他們在家中發生意外而無人知曉。也就是說這些方案的核心關懷，其實是社區中獨居老人的「人身安全」，而不是他們的「社會參與」以及「人際網絡連結」。也因此，這些方案真正要做的，應該不只是為社區中的獨居老人辦理康樂活動，還有其他更多、更適合、更值得去做的服務，例如生命連線、電話問安、送餐／共餐服務、訪視……等。

　　從這樣的案例中可以發現，我們常常會不知不覺地將服務內容（即手段／方法）當成目的，而忽略了方案最原初想改變的是什麼，特別是當我們遇到組織的「生存議題」時，往往會為了組織的生存，或是擴張原有方案的規模（例如樂活方案是國家當前的重點補助項目，可以有較大的機會獲得補助），而策略性地選擇某些服務策略與方法，而非真正地瞭解服務對象的需求與經驗，來設計出貼近他們的方案。

二、我們真的要強迫遊民就業？

　　一般人會傾向以負面的視角來理解遊民，覺得是失業、貧窮、住不起房子者……會成為遊民，所以我們都覺得要給他們許許多多的「幫助」，使他們「提升」或「脫離」遊民的身分或生活。但如果從「遊民是一種生活方式的選擇」這個視角來理解遊民的話，那麼我們所提供許許多多的「幫助」，可能不會讓遊民感到「對，這就是我想要的東西／服務」。如果仔細思考「遊民」這個群體，他們是由許多不同類型的人所組成，也因為這個群體非常地複雜，所以我們無法以簡單的一套「具規範性的服務」（這裡所謂「具規範性的標準」是指以主流的思考及價值，沒有考慮到服務對象的處境脈絡，而是以「你們應該……」這種具規範性的想法，例如要求遊民接受就業服務就是一例）來套用到所有遊民身上。

　　有許多國內或國外的遊民服務方案，都不是強制性地要求遊民「去做什麼」，而是「我這邊有提供什麼，你們可以自由地來使用」，因為許多服務遊民的組織發現：愈是強制，遊民就愈不會來接近你。這麼說來，幫助遊民就業的服務就不能做了嗎？倒也不是，要實施這樣的方案應該有個前提，那就是這樣的方案很適合在「有就業意願的遊民」（例如接受中途之家／庇護中心的安置，或是已有自己的棲身處所，而想就業的遊民）這個群體中實施，如果是在這個前提下來實施協助遊民就業的方案，相信才不會遭遇太大的挫折，也才能更貼近他們的需求。

本章作業

① 請您（或方案規劃團隊）完成「思考活動2-2」的內容。

② 請您（或方案規劃團隊）針對【小幫手2B】的內容寫下您（們）的想法。

③ 請針對您（或方案規劃團隊）所寫的【小幫手2B】，討論、確認您（們）方案最有可能的服務對象。

④ 請將您的服務對象以文字書寫、表達出來（要能具體寫出範圍及其目前的狀態）。

3

確認到底是「誰」、需要什麼服務 ::::

這裡有兩個例子，請大家先試著回答例子中所提的問題。

思考與活動 3-1

一、報載「一名女大學生愛用即時通訊軟體LINE隨時聯繫男友，若發訊
沒獲回應，她會焦慮到一發再發，更曾一小時內狂發三十則，搞得
男友神經衰弱、求助精神科」（邱俊吉，2014）。如果您（或方案
規劃團隊）希望大學生不要因為通訊軟體上的「已讀不回」而感到
焦慮，所以想針對這樣的現象設計一個方案。請您（們）先澄清以
下這幾個問題：這位女大生（或這群會因「已讀不回」而焦慮不已
的大學生）是怎樣的一群人？我們真的瞭解他們嗎？我們如何瞭解
他們到底需要什麼？若您是報載的這位女大生（或這群會因「已讀
不回」而焦慮不已的大學生），您會認為自己有行為上或心理上的
問題嗎？若沒有，為什麼？若有，什麼樣的服務／活動內容比較有
可能吸引您的注意，讓您願意參加來改變自己的行為？

二、假設有二個組織都發現社區中弱勢家庭的新移民媽媽有親職教養上
的困擾。甲組織以舉辦親職講座的方式，每個月舉辦1至2次，每次
3小時，邀請國內知名的專家、學者、名嘴來進行講座，半年內共
進行10場講座，希望透過講座來協助這群新移民媽媽處理其親職教
養的困擾。乙組織則是舉辦「料理上的溫度：社區媽媽支持團
體」，讓社區中有親職教養困擾的新移民媽媽參與十次的團體，這
個團體是讓媽媽們在每次聚會中，以自己母國的料理為主題，由該
次主責的媽媽設計菜單及採買所需食材，並帶領其他參與者一同將
料理做出來；參與者在享用自己親手做出的家鄉理後，由主責的媽
媽分享料理及自己的人生故事。最後一次的團體則是由參與者各自
準備一道拿手料理帶至活動現場，並邀請各自的家庭成員一起來參
加這個「異國美食派對」。透過這樣的團體讓媽媽們可以在團體中
渲洩自己的情感／緒，找到自我價值感，開拓有別於以往與家人的
互動模式，並形成新的支持網絡。請問，若您是社區中有親職困擾
的新移民媽媽，您覺得哪個方案較能真正幫助到您？您比較想去參
加？為什麼？

　　相信許多讀者都有到KTV夜唱或K歌的經驗。在您的經驗裡，是不是有些歌曲唱起來就是特別地暢快，無論是歌詞或旋律，就是可以唱到、講到自己的心坎裡！另外，可能有些讀者有過為了自己所喜歡的歌手／演員／作家／球星／偶像，想盡辦法、不顧一切地（可能作業還沒作完、考試還沒準備、辦公室的工作還沒完成……）去追星，例如去聽她／他的演唱會，或是去參加她／他的簽名／書會，或是去觀看她／他的球賽……等？為什麼要說這些？這和方案有關係嗎？答案是「有！」試想，如果我們的方案可以像流行歌曲的作曲、作詞者那樣，透過簡單的旋律及歌詞就直搗人心；或是像作家／演員／球星／歌手那樣具有吸引力，讓粉絲們想盡辦法、不顧一切地就是要參與到他們的舞台中，那不正是我們規劃方案所衷心企盼的嗎？但方案如何才能達到這樣的「境界」呢？希望透過本章的閱讀、引導、討論及實作，可以幫助您（或您的方案規劃團隊）向這個理想邁進。

　　本章介紹三個探究「到底是『誰』、需要什麼服務」的模式，希望這樣的介紹及討論可以幫助我們對服務對象有更清楚的認識，讓方案可以打動他們的心，貼近他們的需要。第一個模式是從服務對象的問題面切入，透過「診斷」服務對象的問題來思考如何透過方案來處理他們的問題。第二個模式是透過探究服對象的需求，進而思考如何透過方案來滿足服務對象的需求。第三個模式是深刻地描繪與分析服務對象的經驗，並透過這樣的描繪與分析來理解服務對象的真實面貌，進而設計相關的服務方案。以下簡要地針對這三個模式的意義及其實務操作方法進行介紹與討論。

♥ **小幫手 3A　如何運用網路資源找尋數據及相關文獻**

　　運用以下所述的三個面向來探究「到底是誰，需要什麼服務」時，往往須要藉助不同類型的數據、文獻資料來協助我們。【小幫手3A】詳列幾個在規劃社會服務方案時較常使用的網路資源供讀者參考。

壹 從服務對象的「問題面」切入

當我們在思考「誰，需要什麼服務」時，往往會先從「誰，出現了什麼問題」這個角度切入，並希望藉由方案所提供的服務／處遇來消解問題。而從這個角度來思考時，大致會進行以下的工作：

一、釐清有多少服務對象

透過相關的數據來呈現及說明有多少這樣的服務對象，這樣的數據往往是瞭解問題的開始。例如：

> 傅中玲（2008）指出，數個社區流行病學調查發現，台灣失智症人口的盛行率，在65歲以上的人口中分別為1.7％至4.4％（即每百人中有將近2至4人罹患失智症）。另依台灣失智症協會（2014）的推估，台灣自2009年至2056年，失智人口將達62萬人，與WHO的資料相較，是全球失智人口增加最快速的國家之一；若再與台灣未來的扶養比相較，這樣的增加比例將成為下一個青壯年世代非常沉重的負擔。

二、描繪方案實施區域／範圍的問題現況

除了掌握整體服務對象的數據外，我們應更進一步掌握方案所要實施的區域／範圍有多少服務對象，以此思考方案的規模。但要特別注意的是，許多官方的統計資料並不會具體呈現這個層次的數據，要獲得這樣的數據，往往須要透過推估。例如：

> 根據宜蘭縣政府主計處（2013）的統計資料顯示，宜蘭縣101學年度總計有3,643位新移民子女就讀國中小學，其中蘇澳鎮有521人（占14％），其新移民子女占全縣就讀國中小學人口的比例僅次於宜蘭市，是全縣第二高；其中新移民子女有410人就讀國小，亦占全縣就讀國小人口數的14％，顯見本方案在蘇澳地區實

施的迫切性。

行政院勞委會的調查結果顯示，2011年8月身心障礙者的勞動參與率為19％，遠低於一般民眾的58％；身心障礙者的失業率為12.35％，高於一般民眾的4.45％；身心障礙就業者整體平均每月薪資或收入為23,640元，明顯少於一般民眾的35,058元（行政院勞委員，2011）。顯示身心障礙者在勞動市場上仍是一個相當弱勢的群體。

三、瞭解問題的本質與成因是什麼

以上的數據是協助我們瞭解某個目標群體在人口統計上所呈現的大致趨向，可作為方案規劃的背景資訊。但如果我們希望針對問題提出解決的策略，那就必須進一步瞭解問題的本質與成因是什麼；這與上一章所提的理論觀點有密切關係，例如我們如果想針對「宜蘭縣蘇澳鎮有學習障礙的國小新移民兒童及其主要照顧者」這個目標群體設計一個服務方案，就必須先釐清自己的理論觀點及視角是什麼，因為不同的理論觀點及視角對於「新移民兒童的學習障礙」這個問題有著不同的理解。若是採「個人生理差異的觀點」觀之，會認為新移民兒童的學習困擾乃導因於基因遺傳，或是因知覺、思考、記憶或學習歷程的缺損所造成，那麼我們的服務會以修補其生理上的缺損為主。若是採「家庭環境的觀點」來看待這個問題，則會強調大多數新移民兒童的父母教育程度與家庭社經地偏低，導致無法提供兒童應有的學習資源，所以服務策略會以對這些兒童進行「補救教育」為主。而如果我們是採「文化學習的觀點」來看待的話，則會認為新移民兒童之所以會產生學習上的障礙，是因為這些孩子的主要照顧者（特別是母親）並非在中文化的文化脈絡下成長，能夠提供給孩子中文化的學習資源有限，因此服務策略就會以提供及教會新移民家庭中的主要照顧者中文化的學習資源，讓主要照顧者熟悉中文化的學習脈絡以及資源，如此才有可能在中文化的脈絡裡教導孩子。

四、不能只停留在「發現問題、消解問題」這樣的思考上

「從服務對象的問題面切入」這個面向的思考，基本上是依循著「觀察到某個群體出現問題 → 瞭解問題成因 → 思考及規劃服務／處遇策略與方法 → 消解問題」這樣的思維在進行。但從認識論（epistemology）的角度來看，這樣的思考方式是將「問題」視為一個「可分析的實體」，而將焦點放在「問題分析」及「消解問題」上，但這並不一定可以促成服務對象的改變。怎麼說呢？首先，這樣的思考方式往往是由方案規劃者／團隊單方面來界定問題，不見得服務對象有相同或相似的想法，如果服務對象不認為自己是「處在問題情境中」，那改變的動力便無法產生，更不用談產生改變的行為與改變的歷程與成效。以本章一開始「會因社群網站或通訊軟體上『已讀不回』而焦慮不已的女大生（或這群大學生）」為例，我們這些「外人」看他們已明顯出現行為上的問題，但他們可能並不認為自己有問題；如果我們無法讓他們意識到這個行為已造成自己及他人的困擾／傷害，讓他們產生接受服務／處遇的意願，那麼他們接受服務／處遇的可能性就會很低；即使真的接受服務，也是心不甘、情不願，而無法達到預期的成效。

再則，依循著這個思維來規劃方案，還可能陷入「服務對象所出現的問題不見得就是『真正的』問題，消解其出現的問題不見得真的可以幫助到服務對象」這樣的困境中。在上述的例子中，會因社群網站或通訊軟體「已讀不回」而焦慮不已的女大生（或這群大學生），他們之所以會出現這樣的狀況，並不見得是因為「已讀不回」這件事所引起，而是他們有著某種／些特質或心理狀況，例如是因「手機／網路成癮症」導致使她／他們會因讀到「已讀不回」的訊息而「抓狂」；而會有「手機／網路成癮症」可能是因為他們在現實生活中無法與他人建立信任關係，而有太多人際上的挫敗，因而在網路世界中尋找替代的價值感與出路。也就是說，方案要處理或消解的，並不是這群大學生因讀到「已讀不回」的訊息而抓狂的這個「問題」，這個問題可能僅是這群學生內在心理狀況外顯的其中一個表徵；方案真正

要處理的，是如何協助這群學生排解在現實生活所遭遇的挫折，以及處理挫折的方法，這樣才有可能真正幫助到這群學生。

此外，一個事件之所以成為一個問題（特別是「社會問題」），是經過不斷地定義、再定義，以及經過不斷地協商所獲得的結果。如果我們所認定的「問題」並非社會或社區中大多數人的共識，其被接納的程度可能不高，可投入解決此方案的資源也可能不多，所以須要透過不同的策略與方法來說服社會大眾，讓這個「問題」被討論、被接納，如此才有可能獲得更廣大的支持。例如二、三十年前，在公共場所抽菸並不被認為是須要規範的事，但經過相關團體的努力奔走與倡導，「拒抽二手煙」的觀念逐漸被社會大眾接受，並因此促成了當前菸害防制的相關立法。

最後，我們在進行「問題分析」時，也經常不自覺地將問題的成因歸因於個人，並尋求個人式的解決之道，但這種個人式的解決之道並不一定可以真正地解決社會問題。例如陳美霞於1999年4月11日在《中國時報》時論廣場中曾發表過一篇〈防癌，政府與企業的社會責任〉的讀者投書，在這篇文章中，作者認為台灣癌症基金會在公布年度防癌白皮書時，提出台灣癌症發生的重要因子主要是因抽煙、酗酒、嚼檳榔、蔬菜吃得少等個人的不良生活習慣所導致，所謂的「防癌十二守則」就是在不抽煙、不酗酒、不嚼檳榔、多吃新鮮蔬菜水果等個人改進之道來著手。但個人的行為是社會環境的產物，一個人之所以會抽煙、酗酒、或嚼檳榔，可能是因生活所逼、同儕壓力、廣告的誘惑、工作的需求、政府不當政策……等複雜的社會環境因素，若不改變這些因素，片面地要求個人改變行為，效果是有限的。像是長期暴露在有毒物質的工作場所，亦是致癌的重要原因，這些往往是藍領工人癌症患者罹癌的原因，不是這些人的「不良生活習慣」，而是雇主提供了有毒的工作場所；工業污染以及有毒廢棄物所造成的空氣污染、水污染等，也與許多癌症的發生有關，這需要企業界與政府等單位來討論其社會責任；「不良生活習慣」的說法，模糊了防癌需要巨大社會改造工程的治本面向。簡單來說，我們往往是將健康與個人

「不良生活習慣」連結,而忽略了社會體系對個人健康的影響(引自
成令芳、林鶴玲、吳嘉苓譯,2003:36-37)。

事實上,在我們的日常生活或工作過程中,經常將問題歸因到個
人的個性問題或人性問題,所以問題的解決之道往往是從個人層次的
修身及教育著手,而非結構性的制度與文化。當然,將結構性的制度
與文化這個層次帶進來討論並不表示我們就可以忽略個人,這不是非
此則彼,而是我們在思考問題時,都不能忽略每個人的生活都受到結
構性的制度與文化的影響,個人的改變可能會帶來社會體系/結構的
改變,但若只靠個人的改變,也無法撼動整個社會體系/結構。

本章學習/操作重點 之1

一、請試著尋找相關的數據,來描繪您自己方案
的服務對象的現況(可參考【小幫手3A】
中所列的網站資源來進行之)。

二、請透過相關文獻(可參考【小幫手3A】中
所列的網站資源來找尋相關文獻),或整理
自己或組織的服務經驗,來分析服務對象的
問題成因。

貳 從服務對象的「需求面」切入

從服務對象的「需求」(need)切入,也是思考一個方案要做什
麼很重要的一個面向,也可以補充單從問題面來思考服務對象到底需
要什麼服務的不足。需求是一個很難進行文字定義的概念,通常我們
會先區分需求與欲求(want)的不同。欲求是我們主觀上所想要的,
但這個「想要」並不一定會對我們的生命或安全產生立即的威脅。我

們應該都有這樣的經驗：我們可能需要一些不想要的東西（例如我們都需要打預防針但卻不想／害怕打針），會想要一些不需要的東西（例如渴望擁有最新的3C產品）。也就是說，需求比欲求對人們是更基本且必要（Manning, 2003: 37），而方案所要滿足的，是服務對象的需求而不是欲求。但需求如何產生？這一直是大家所關注的議題。Bradshaw（1977）曾以分類學方法（taxonomy）將社會需求分為四種類型（以下我們便針對這四種需求類型介紹其意義與特徵）：

一、**感受性需求（perceived needs）**：所謂感受性需求是指由人們覺察或感受到自己有哪些需求，例如：「我認為自己的薪水太低」就是一種感受性需求。這種類型的需求通常需要透過一些引導（例如問卷或訪談）來得知。此種需求常因人們對現況的不滿足而出現高估的狀況，因此也具有這些特色：(1)人們會透過想像及感受來覺知自己有何需求；(2)常會有所高估或偏誤的現象；(3)這樣的需求多半是問題的表面徵狀而非主因；(4)當方案規劃者在探求甚至誘導服務對象提出感受性需求時，相對也提高了人們滿足需求的期待。

二、**表達性需求（expressed needs）**：所謂表達性需求是指人們透過實際行動來表達出對某些服務的需要，例如：當我們看到有很多人到有機商店排隊買有機食材，我們可以據此推斷「現代人對有機素食的需求是很大的」。在瞭解表達性需求時，我們通常會蒐集受服務者的人數，之後計算已被滿足此需求的人數，其中有需求但沒有被照顧或被滿足的部分，就是方案規劃的重點。然而，有需求的人不見得會透過行動來讓自己的需求得到照顧或滿足，因此有必要進行推估。

三、**規範性需求（normative needs）**：這是一種由專業人士、行政官員，或社會科學家在特定情境下所定義的需求。規範性需求往往會有個標準或常模，當某個群體與這個標準或常模比較之後，未達此標準則判定這個群體有需求。規範性需求的特徵有：(1)這些標準可能來自於國家政策的界定，例如身心障礙者的定額進用；慣例、權威或共識；或是來自於文獻資料、專家的認定；(2)可以明確地界定出需求的範疇；(3)易受知識、技術、價值等因素的影響。

四、相對性需求（relative needs）：相對性需求是指比較兩個相似／近情境下的服務差距，來說明需求的存在。例如：要在台中市提供老人福利服務，我們可以比較台北市與台中市的老人福利服務各為何，呈現出來的差距便可以作為評定台中市老人福利服務需求的參考。要特別提醒的是，在進行相對性需求的比較時，必須同時考慮兩個情境的相關結構性因素，例如都市化程度、人口結構、社會環境、文化條件、資源配置……等。

Bradshaw（1977）所提出的四種需求類型，提供我們一個很好的分析架構來瞭解服務對象的需求。但如何才能得知服務對象有哪些需求呢？本書提供五個方法來探究之。要特別提醒的是，我們在探求服務對象的需求時，並不一定只探求某一種類型的需求，或是只運用某一種方法來探求，而是可以運用不同的方法來探求不同類型的需求，這樣才能獲得確切、可信且貼近服務對象的需求。

一、運用次級資料推估

所謂運用次級資料推估就是運用已經存在的統計資料或數據，依方案的需要來進行統計分析或推估。運用這個需求評估的方法，主要是用來推估某項服務的需求量。例如某個針對老人居家服務與送餐服務進行規劃的服務方案，便是運用次級資料來推估該社區對這兩項服務的需求量：

> 透過《台閩地區老人福利機構需求調查》發現，我國有83%的老人會選擇社區式與家庭式照顧方式安度晚年。依此基準推估本縣提供老人居家服務、送餐、緊急救援等社區照顧的需求人數應為31,790人。但依〈台閩地區老人福利服務統計〉的資料顯示，本縣目前僅332人接受居家服務；319人接受送餐服務；顯見本縣的老人對於居家服務與送餐服務仍有很大的需求。

二、運用現有機構的服務統計資料

　　透過現有機構的服務統計資料，可以幫助我們瞭解現有服務的概況，即理解前述的表達性需求。我們可以以此數據為基礎，來推估某項服務的需求；或是以這樣的數據與上述次級資料推估的結果做比較，來觀察兩者之間的差距，透過這樣的差距來推估某項服務的需求量。例如：

　　根據本協會針對求助個案所進行的統計分析顯示，「離婚問題」占所有求助個案的20%，是所有求助問題比例最高的一項；在「離婚問題」中，又以「爭取子女監護權及探視權」這個問題被詢問的次數最多，也占20%；顯見女性在面臨離婚事件時，爭取子女監護權及探視權的相關法律問題是她們極為關切的。因此，本協會明年度計畫針對「爭取子女監護權及探視權」的法律諮詢服務提供更個別化的服務。

三、透過相關文獻資料的分析與整理

　　透過閱讀相關文獻資料並進行整理、分析，是探求規範性需求很重要的方法之一。以這個方法所探求出來的需求，往往是我們進行方案規劃與評估的重要參考資訊。例如：

　　根據內政部統計處《少年身心狀況調查報告》顯示，○○縣少年希望政府提供的福利措施依序為，……，從中可知休閒活動的需求對少年的重要性。有鑑於此，本會針對○○及○○地區的少年，規劃以少年及其家庭為主的體驗學習服務。

　　在統整相關文獻後，本會認為遭受性侵害的被害少女至少有五個心理層面的需求，分別為：獲得安全感、獲得信任感、恢復對生活的控制感、尊重自己、與他人建立成熟的關係，……，另外這些被害少女也可透過每日自我照顧、尋求心理治療、尋求其他支

持、身體作業等自我療癒方式來進行創傷復原。（感謝廖靜芳小姐資料提供）

四、進行需求調查

要確切地瞭解受服務者的需求，以服務對象為研究對象來進行需求調查，往往可以獲得確切且精準的資訊。例如：

> 為瞭解新移民家庭所面臨的問題，以提供確切的服務，本會於今年7月對縣內○○鄉○○戶新移民家庭進行深度訪談，以瞭解她們在日常生活中所面臨的問題以及需求。調查結果顯示，在○○戶的新移民家庭中，明確說出她們有親職教育的需求者最多，其次是……。以上六大服務需求指出新移民家庭所須協助的項目與內容，以及這些項目與內容的優先順序。（財團法人兒童暨家庭扶助基金會南投分事務所，2006）

實施需求的調查研究時，除了確定研究對象外，還須思考用什麼方法來探究服務對象的需求。我們大體可將探究服務對象需求的方法區分為量化取向與質化取向。量化取向的需求調查，其蒐集資料的方法有：普查或抽樣的問卷調查法（面訪、電話訪問、郵寄問卷）、次級資料分析……等。質性取向的需求調查，其蒐集資料的方法有：深度訪談、焦點團體、德菲技術法、文獻分析法……等。有關執行量化及質化需求調查的方法、步驟與應注意事項，請參閱及回顧社會工作研究方法的相關著作。

五、整理機構既有的服務經驗

我們往往忽略服務經驗也是很寶貴的資產，透過第一線的服務，我們累積了許多實務的智慧，也清楚理解服務對象的需求。便可有系統地蒐集及整理機構的服務經驗，來瞭解服務對象的需求。例如：

依本會過去的服務經驗顯示，毒品戒治成功的少年，後續若缺乏適當的友伴陪伴從事正當的休閒活動，會有將近80%以上的少年再次接觸毒品。（感謝賴韻如小姐資料提供）

在此要特別提醒的是，有系統地蒐集及整理組織的服務經驗，可以運用現有的電腦套裝軟體，例如：Excel、SPSS（社會科學統計套裝軟體），或是委託專人設計的套裝軟體進行之，透過電腦套裝軟體來建立機構專屬的資料庫，並進行資料分析；這些資料庫的內容以及資料分析的結果，都是非常寶貴的資訊。此外，也可以透過質化研究的方法，思考、整理、反思組織的服務經驗，這些經驗也是瞭解服務對象很重要的基礎。

在此，我們也整理探究Bradshaw四種需求類型所相對應的研究方法之對照表（詳如表3-1）供讀者參考。

表3-1 Bradshaw的四種需求類型與相對應探求此類型需求的方法一覽表

需求的類型	意　義	探求此類型需求的方法
感受性需求	是指由服務對象自己說出來、自己認為或體認到的需求，例如：「我認為自己的薪水不足以養活全家人」就是一種感受性需求。此種需求常因人們對現況的不滿足而出現高估的狀況。	·量化需求調查研究：調查研究法 ·質化需求評估研究： 　－深度訪談法 　－焦點團體法 ·社區／服務對象公聽會 ·機構服務經驗整理
表達性需求	指服務對象透過實際行動來表達對某些服務的需要。通常會蒐集服務對象的人數後，再加以推估；而服務對象的需求表達出來後，無法滿足的部分就是方案規劃的重點。	·現有服務資源盤點 ·機構現有服務統計記錄 ·運用次級資料進行推估
規範性需求	指的是與某種標準或常模比較之後，若未達既定的標準，則可判定此問題情境具有需求；此外，我們也可以透過相關文獻資料與研究結果來獲得規範性需求。	·文獻資料檢閱與分析 ·德菲技術法（Delphi Method）
相對性需求	相對性需求是指比較兩個相似／近情境下的服務差距，來說明需求的存在。	·運用次級資料進行比較、推估 ·比較研究方法

資料來源：作者整理製表。

本章學習／操作重點 之2

一、請對照表3-1思考您（或方案規劃團隊）會
　　用哪些方法探究服務對象的什麼需求？

二、當您（或方案規劃團隊）採用上述的方法來
　　探究服務對象的需求時，您會如何操作？請
　　簡要說明您（或方案規劃團隊）所欲進行的
　　需求調查其研究設計。

三、請將您（或方案規劃團隊）實際操作需求調
　　查後所獲得的結果，以簡短的文字呈現之。

參　從服務對象的「經驗」切入

　　除了從服務對象的問題面及需求面切入外，描述與揭露服務對象
的經驗，瞭解他們所理解與認識的世界是什麼，也是幫助方案規劃者
／團隊更深刻地瞭解服務對象很重要的一個面向。這種從經驗層面切
入，去深刻瞭解、覺察與澄清經驗所呈現的意義，這樣的知識生產過
程本身就具有「實踐知識」的屬性，所以非常適合用來探究方案的服
務對象到底需要什麼樣的服務。但由於服務對象的經驗是個人／群體
真實的體驗或經歷，它並非一個實體，所以無法透過注重因果邏輯的
實證科學來證實之，而較適合以詮釋取向的質性研究來進行。

　　深入到服務對象的生活經驗去探索他們到底需要什麼服務，是很
重要的一項工作，這樣的探索往往可以幫助我們發展出更貼近服務對
象的實務策略與行動。印度孟加拉經濟學教授尤努斯（Muhammad
Yunus, 1940－），就是一個很典型的例子。他自述曾是長年安逸於大
學圍牆內的經濟系教授，但孟加拉的飢荒讓他體認到理論知識的空洞
無用。他開始走出校園，並從親身與孟加拉貧民的接觸與觀察中，開
始對於「扶貧」事業的限制產生極為深刻的反思，並在這樣的反思底

下，創立了「葛拉敏銀行」（Grameen Bank）——又被稱為「窮人銀行」或「鄉村銀行」，提供給因貧窮而無法獲得傳統銀行貸款的窮人「信貸」，而這樣的貸款是建立在人與人之間的信任關係上，而非建立在法律關係、或是人與文件之間的關係上；這樣的「信貸」模式，正是貼近孟加拉貧民的需要。他也因為長年致力於「窮人銀行」的實踐行動，於2006年獲頒諾貝爾和平獎。事實上，我們社會工作的實務行動就一直在做這樣的事，只是較缺乏將這樣的探索做較有系統的整理而已。

在此我們引用一個實際的案例來說明這個面向可以引導方案規劃者／團隊達到什麼樣的成果。這個案例是台灣兒童暨家庭扶助基金會（以下簡稱家扶基金會）於2008年開始執行的「台灣Wraparound（用愛包圍與你同在）服務方案實驗計畫」（以下簡稱本方案）。本方案的具體作法是：由社工員確認願意接受本方案服務的家庭，每個受服務家庭由照顧協調者（care coordinator, 由各家扶中心的社工督導或社工員擔任）組成一個家庭小組，家庭小組的成員包括受服務家庭的成員、親代夥伴、子代夥伴、家庭或社區中的重要資源者（例如親戚、老師或鄰／里長……等）。在提供服務前，由照顧協調者邀請家庭小組成員共同召開家庭會議（family meeting）討論家庭的需求，並依需求擬訂服務計畫，之後在照顧協調者的督導下，由親代與子代夥伴依照服務計畫持續、穩定地到受服務家庭中提供服務。家庭小組會隨著服務計畫的推展，在完成前一個／些服務計畫後，再依受服務家庭的需求及問題召開家庭會議，擬訂下一個／些服務計畫並執行之，直到結案。在本方案中，親代與子代夥伴扮演著關鍵的角色，他們在服務的現場與服務對象密切地接觸並提供／輸送服務。親代夥伴是招募有育兒及親職教養經驗者至服務對象家中對家長提供指導、示範、陪伴等服務，原則上男性親代夥伴協助、陪伴男性家長，女性親代夥伴協助、陪伴女性家長；子代夥伴則是招募在學的大專青年至服務對象家中陪伴兒童／少年（鄭怡世等，2010）。既然親代與子代夥伴在此方案中如此重要，如果我們希望這些親代與子代夥伴可以在服務現場與

服務對象建立起「夥伴關係」，那麼家扶基金會應該規劃什麼樣的教育訓練課程來培訓這些親代及子代夥伴？

鄭怡世等（2010）在《「Wraparound用愛包圍與你同在服務方案」實驗計畫方案評估報告》中，曾運用「詮釋現象學方法」（hermeneutic-phenomenological methodology）方法，深刻地分析分析四位親代夥伴及子代的服務經驗（其中一位子代夥伴的經驗文本，以及這份經驗文本所呈現出來的意義，請點選此QR Code（網址 http://210.65.244.8/OrgDownload/OM/OM_download.aspx）所提供的範例來閱讀。從這樣的分析中發現，這個方案的教育訓練課程必須協助親代及子代夥伴在服務的現場意識到，要與服務對象建立起深度、好的工作關係，絕非服務對象那一方缺乏什麼，親代及子代夥伴這一方機械式、工具性地填補就了事，至少在親代及子代夥伴這一方必須產生「關係的位移」。「關係的位移」是指在親代及子代夥伴這一方主動、願意對於服務對象的需求有所回應，且將服務對象視為「一個人」——不是以客體化、去脈絡化或病理化的視框來看待、對待或處遇服務對象，而是以瞭解他們所處的關係脈絡與生命位置，關懷其整體的生活風貌並產生整體性的覺察，以尊重、接納多元可能這樣姿態來接近服務對象、與他們建立關係；有了這種能力的養成，才有可能讓親代及子代夥伴真正地與服務對象建立起夥伴關係，共同完成服務計畫。

簡言之，這個方案親代及子代夥伴的培訓課程，不能夠只有「規範性知識的傳授」，而是要能夠協助親代及子代夥伴在服務出現挫折時，回過頭來反思自己的助人位置（即自己所帶入助人關係中的理解、觀點與期待），然後離開這個的位置，在心理層面產生位置的移動、移動到與服務對象相同的水平位置，當這三者同時發生，助人關係才得以建立起來。亦即要協助親代或子代夥伴意識到自己與服務對象是不同生存姿態的雙方，並願意經由高密度的互動、碰撞、磨擦、協商而逐漸獲致視域的融合，如此才有可能協助親代及子代夥伴具備「同理的陪伴」的能力。

　　當然這樣的分析必須藉助適當的研究方法。有關詮釋現象學分析方法的方法論基礎以及實際的操作步驟與方法，可參閱李維倫、賴憶嫻（2009）；曾寶瑩譯（2006）；而透過這個方法所進行的研究及研究成果（包括分析步驟的示例）則可參考蘇文仙（2011）；張雅惠（2014）。

本章學習／操作重點 之3

請試著以服務對象的經驗為對象進行分析，並討論這樣的分析結果對方案的意義。

跟著本書動動腦：我們可以如何思考減肥這件事

以上介紹三個探究「到底是誰、需要什麼樣的服務」的面向，都有助於我們更深刻地理解與認識服務對象，並構築起方案「改變的理論」，所以讀者應盡可能地針對這三個面向來進行探究。在此，我們以「減肥」這件事為例，示範如何運用本章所提三個面向來思考「到底是誰、需要什麼服務」（此案例要感謝許宸耀先生提供的寶貴意見）。

相信許多人自己或週遭的朋友都有實際（或想要）減肥的經驗，從醫學科學（即問題診斷）的角度來看，肥胖的確會引起個人健康上的問題，相信肥胖者也都知道這些道理，但為什麼還是有這麼多肥胖者？我們也常常聽到這樣的責備：「有這麼多的減肥課程／減肥班，也有那麼多人很有毅力地減肥成功，為什麼你就不行？」我們很容易將不參加、參加了半途而廢、不成功的減肥者，歸因於他們懶、沒有毅力，或害怕改變。其實，如果我們仔細想一想，在自己的生命經驗中，如果有某件事是自己真正在意的，我們一定會不顧一切地投入，想盡一切辦法去做好它。也就是說，對肥胖者來說（其實對大多數我們的服務對象也是如此），並沒有所謂懶、沒有毅力、不想改變這件事，而只有想改變的標的是否讓自己覺得這是一件重要的、值得投入時間／精神去做的事；如果是，花再多時間、投入再多心神都在所不惜。

肥胖（或代謝症候群）跟個人生活習慣息息相關，但也與生活環境有關，若三餐都必須在學校／上班地點附近外食的話，那麼再怎麼吃都無法達到醫學上健康的標準。所以，在思考減肥這件事時，就不能只從個人的層次來思考，也要考慮環境的因素。我們先從個人層次談起：要一位肥胖者減肥，通常是從要求肥胖者在飲食上控制熱量、要有規律的運動、生活作息要正常……等方法著手。但我們仔細想想，無論是控制飲食熱量，或是規律運動，或是生活作息正常，對當事人來說都是一種「被迫在生活習慣上做出改變」。但生活習慣不止是個人個別的飲食起居，還包含與他人

互動上的習慣，以及因著這樣的互動習慣所延伸出來的社會關係；也因此，要讓一個人減肥，可能是改變她／他的日常作息，而改變日常作息對這個人來說可能是撤換掉他目前的世界，而這個世界正是他們最有安全感、最有成就感的東西。舉個例子來說，某些肥胖者他寧願很簡單地吃些垃圾食物，但也要將大部分的時間花放在電腦上（不知大家有沒有印象，電影中許多「電腦高手」都是肥胖者，且他們在電腦旁總是擺著許多垃圾食物），亦即電腦是這些肥胖者與世界得以連繫起來的重要方式，我們要她／他減肥，等於就是在切斷她／他與這個世界的連繫方式，這當然會影響到他們持續參與減肥課程的意願。也就是說，如果我們無法讓參與者感覺到減肥這件事並不會撤換掉他目前的世界，而且還有可能讓他的世界變得更美好，那麼我們便無法讓參與者持續地參與。

曾有學生在作者的課堂上提出大學生「共食」的概念，即邀請有興趣的減肥者，每週進行一、二次的共食，由參與者一起或輪流準備健康的食物，大家一起來享用。也有學生提出讓有興趣的減肥者共同來畫出「外食族的健康飲食地圖」，瞭解其生活週遭（例如學校／上班／租屋處……等）有哪些健康飲食的店家，讓自己、同好及親友可以一起「按圖索驥」地找到健康飲食。也有學生提出讓想減肥的學生邀請有興趣運動且是自己信任的朋友共組「友伴運動團體」，透過大家一起運動，來培養自己規律運動的習慣。這些方法都是嘗試透過集體參與及較具趣味性的方式，擴大／改變肥胖者原本的人際圈來改變生活習慣，而非僅將減肥這個「重責大任」交給肥胖者個人去處理。

當然，減肥這件事也可以從結構的層次來思考。在我們的生活環境中，充斥著許多高熱量但低營養價值的食物，如果可以透過倡導及遊說，制定相關的政策、法律，例如強制業者在食品外包裝上明確標示食品的含糖量、熱量；或要求校方規定至少在校園內禁止販售高熱量的食品及飲料，這也不妨為超越個人層次，從結構層次來達成減肥效果的可能方向。事實上，在相關團體的倡導下，衛生福利部食品藥物管理署已於2014年4

月15日公告〈包裝食品營養標示應注意事項〉，並將於2015年7月1日起正式實施。而美國也在家長團體的奔走下，自2014年9月起，全美十萬多所小學、中學已禁止在校內販賣高熱量食品及飲料，並提供較符合健康標準的食品（任中原編譯，2013）。此外，董氏基金會也曾對政府提出呼籲，希望政府仿效韓國，於校園周遭200公尺設置「綠色食物區」，禁賣垃圾食物（江昭倫，2014）。這些案例都是嘗試從改變結構這個面向所發展出來的具體行動。

本章學習／操作重點 之4

一、請試著將上述您（或方案規劃團隊）所探究服務對象的問題成因、需求與經驗所獲得的結果予以綜合後，寫出您（們）的方案會以「誰」為服務對象？可以針對這些服務對象提供哪些可能的服務？

二、請思考上一題所列針對服務對象所可能提供的服務，是否只停留在「發現問題　消解問題」這樣的思考上。

chapter 4

勾勒方案的整體圖像 ⋯⋯

在經過前兩章「慘烈」的討論與分析後，相信您（或方案規劃團隊）對於方案要服務誰、要改變的標的是什麼，用什麼角度與觀點來理解服務對象與改變的標的，應該已經有了較明確的想法。方案是一個帶有特定任務、也是有時間限制的實務行動，所以方案不可能處理服務對象所有的事情，也因此我們須要確定方案的範圍，以確認方案要做哪些事，這樣才能導引出具體的方案內容。本章首先說明如何運用三個不同的思考模式來界定方案的範圍；接著說明如何提出方案的核心觀點；而後引介由美國家樂氏基金會（W. K. Kellogg Foundation）所發展出來並經本書稍作調整的「方案邏輯模式圖」，協助讀者將方案的整體圖像勾勒出來；最後則是以一個實際的案例來說明在描繪「方案邏輯模式圖」時須注意的事項。以下，針對這幾個議題來詳加說明與討論。

壹 界定方案的範圍

Kettner, Moroney and Martin認為，「當我們在設計服務方案時，我們也是在提出假設」（高迪理譯，1999：98）。也就是說，方案其實是我們如何理解服務對象、以及在這樣的理解底下所產生的具體實踐行動，我們在前兩章所做的種種努力，就是在為這樣的實踐行動打下深厚的根基。然而，如前所述，如何理解服務對象會因我們的生活經驗、實務經驗、學科／知識背景、價值信念而出現頗大的差異，所以我們對於方案到底要做什麼也會有完全不同的思考；此外，我們所擁有的資源、能力也很有限，不可能讓我們毫無節制地去做所有想做的事。所以，我們必須界定方案的範圍，在資源、能力可及的範圍內讓服務對象產生正向的改變。界定方案的範圍可以從下列幾個面向來進行：一是藉由整合服務對象的問題、需求與經驗來界定範圍；二是藉由定位處理個人、群體或結構層次的議題來界定範圍；三是藉由特定的理論觀點來界定範圍。以下針對這三個面向進行更詳盡的討論。

一、藉由整合服務對象的問題、需求與經驗來界定範圍

在第三章中，我們分別從問題面、需求面，以及服務對象的經驗這三個面向來探究「到底是『誰』、需要什麼服務」，以此構築起對服務對象以及其改變標的的理解。在此，我們須將這些探究的結果予以整合，以界定方案的範圍。如果我們以第三章思考與活動3-1（頁36）所舉的例子——「社區中有親職教養困擾的弱勢家庭新移民媽媽」，從問題面來分析，這些新移民媽媽的確顯露出缺乏「親職教養」的技巧，所以須要開辦親職教育的相關課程來提升她們的親職能力。但若從需求面及經驗層面（包括從實務經驗及新移民媽媽的經驗）來分析，則會發現這些媽媽之所以會有親職教養的困擾，主要是因為在家庭中長期被工具化（如被當成生育、從事照顧工作的主要人力），致使其對婚姻的幻想破滅，自我價值低落，因而無法產生對家庭成員積極付出的動力；所以方案要做的事不僅僅只是透過教育來增添她們的「技巧」，而是要先滋潤她們的自我價值感，當自我價值感被滋潤了之後，其自信會跟著提升，對家庭成員積極付出的動力也才會跟著出現，屆時才有可能針對親職教養的困擾提供教育方面的協助。

在經過這樣的分析與整合之後，我們便可列出方案可以做的事：首先，我們觀察到此方案雖然要處理的是個人的問題（弱勢家庭的新移民媽媽出現親職教養的困擾），我們也看到給予她們親職教養技巧（即個人的教育）的重要。但在施予她們教育協助之前，須先處理她們缺乏自我價值感的問題，而處理缺乏自我價值感可以透過個別的方式，如透過長期的個別諮商；也可以透過群體的方式，如在社區中將這些媽媽集合起來，為她們開辦一個團體（如思考與活動3-1中的「料理上的溫度：社區媽媽支持團體」）；也可以透過社區中開辦社區產業，訓練這些媽媽來經營管理，藉由經營社區產業來滋潤、提升她們的自我價值感。

簡單來說，同樣是希望能夠處理「社區中有親職教養困擾的弱勢家庭新移民媽媽」這個議題，我們可以分別從開辦親職教育的教育訓

練課程、個別諮商、滋潤自我價值感的團體，或是經營管理社區產業……等不同的面向來進行；而不同的面向，在方案的規模上會有不同，所須投入的資源也會有差異。也因此，我們必須在考量組織現有的資源與能力後，從這些可能性中界定出方案可以做的事。但，界定出範圍並不代表其他面向的工作就放棄不做，而是可以將其規劃成短、中、長期來加以實施。例如假設我們可以規劃短期（例如一至二年左右）先透過類似像「料理團體」這樣的服務內容，來滋潤這些新移民媽媽的自我價值感，並強化這些媽媽們彼此之間的社會聯結與支持；中期則是設立小型的社區產業，讓這些媽媽共同參與；長期則是讓這些媽媽自行經營、管理此社區產業。

簡單來說，藉由整合服務對象的問題、需求與經驗來界定方案的範圍，是一個整合性的思考模式，圖4-1呈現如何運用這個思考模式來界定方案的範圍。若您（或方案規劃團隊）希望採取這樣的思考模式來界定方案的範圍，我們建議您（或方案規劃團隊）可以先將「誰發生了什麼事」以及「改變的標的」放在圖的上下兩端，然後開始思考「為什麼服務對象會發生這樣的事」，並將所有的可能性（包括您所探究出來的問題成因、需求與經驗）羅列出來。接著，您（或方案規劃團隊）可以針對所列出的所有可能，思考相對應的策略與方法。再來，針對所列的策略的方法，思考其可以達到的理想。最後，將上述所有項目之間的關係以線條及箭號畫出來；這時，您便可以看到所有如何促成服務對象朝向改變標的的所有可能路徑，然後您（或方案規劃團隊）可以從所有的路徑中選擇最適合的路徑，而將方案的範圍界定出來。

二、藉由定位處理哪個層次的議題來界定範圍

我們在思考及分析到底是誰、需要什麼服務時，也常會從個人、群體或結構這三個層次來思考方案到底要做什麼。以第三章最後「我們可以如何思考減肥這件事」為例，當我們在思考如何幫助肥胖者（代謝症候群者）減肥時，可以從個人的層次著手，例如協助肥胖者

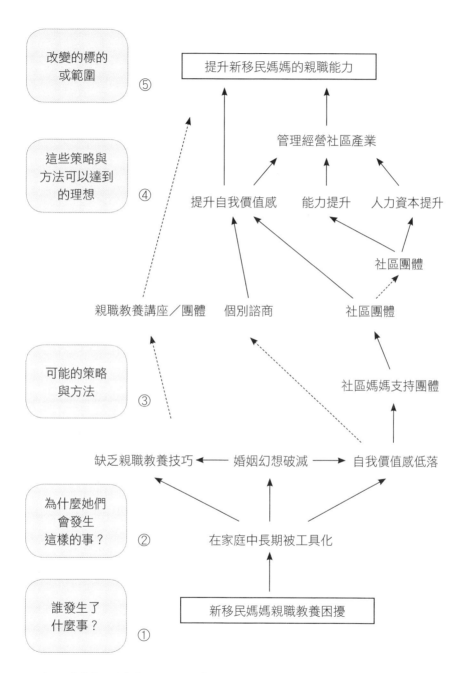

圖4-1 「整合服務對象的問題、需求與經驗來界定方案的範圍」之思考模式示意圖

在飲食上控制熱量，要求他們規律運動、生活作息正常……等方法；
亦以從群體的層次著手，例如健康共食、繪製健康飲食地圖、友伴運
動團體……等方式，協助肥胖者透過群體的力量建立新的生活習慣／
模式；也可以從結構的層次著手，例如透過倡導、遊說制定相關的政
策、法案，減少對高熱量、低營養價值的垃圾食物之消費。當我們在
充份考量組織所擁有的資源與能力後，便可以從這三個層次中選擇我
們最有可能處理的層次。例如假設我們是一個倡導性的團體，對於進
行社會政策或立法的推動並不陌生，也長期關注兒童肥胖這個議題，
那就可以選擇結構的層次來作為方案的範圍；而如果我們是一個學生
社團，從結構層次著手可能不是我們的強項，那可以選擇從群體的層
次著手（如健康共食、繪製健康飲食地圖、友伴運動團體……等）較
可能將這個方案做好。

　　圖4-2呈現如何以這樣的思考模式來界定方案的範圍。若您（或
方案規劃團隊）希望採取這樣的思考模式來界定方案的範圍，我們建
議您（或方案規劃團隊）可以先針對在「個人層次」、「群體層
次」，以及「結構層次」可以做哪些事都羅列出來。之後，再從這三
個層次中，依據組織所擁有的資源、優勢及能力，選擇適當的介入層
次，以此來界定方案的範圍。

三、藉由特定的理論觀點來界定範圍

　　除了上述兩個面向外，我們也可以從方案所採取的理論觀點來界
定方案的範圍；這個理論觀點包括第二章所提，奠基於實務經驗與智
慧的「改變的理論」，或已被實務界或學術界系統性地發展用以解釋
某個現象或問題的理論。以第二章王美懿社工師透過讓家庭暴力加害
者自由地敘說自己的生命故事，從敘說中去理解他們的無助、苦惱、
憤怒、無奈，並在這樣一個平等溝通、對話氛圍中真誠地表達自己的
例子中，從詮釋學這個知識範圍（特別是敘事治療）的角度來看，透
過語言、文字作為媒介，協助敘說者／服務對象去瞭解其生存的世界
及道德價值，讓他們對自己的生存處境產生新的理解；當敘說者／服

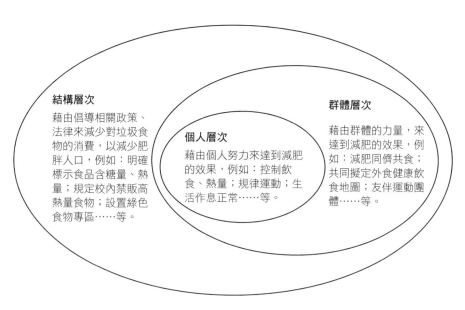

結構層次
藉由倡導相關政策、法律來減少對垃圾食物的消費，以減少肥胖人口，例如：明確標示食品含糖量、熱量；規定校內禁販高熱量食物；設置綠色食物專區……等。

個人層次
藉由個人努力來達到減肥的效果，例如：控制飲食、熱量；規律運動；生活作息正常……等。

群體層次
藉由群體的力量，來達到減肥的效果，例如：減肥同儕共食；共同擬定外食健康飲食地圖；友伴運動團體……等。

圖4-2 「藉由定位處理哪個層次的議題來界定方案的範圍」之思考模式示意圖

務對象對自己的處境脈絡有更深的理解（這樣的理解往往是透過自我表述，而有機會重新反思自己的道德價值），這本身就具有療癒的作用，也會加強敘說者／服務對象改變自己行為的動機，因為敘說者／服務對象透過敘說，會讓他們更清楚地「看到」是什麼樣的世界觀／道德價值造就了她／他現在的行為，而「看到」才有可能帶來改變。也就是說，詮譯學這個知識典範（特別是敘事治療）是王美懿社工師採取這樣的實務策略與行動的理論觀點，這樣的理論觀點引導著她對家庭暴力「加害者」採取的實務行動，並界定了方案的範圍。

然而，在運用理論觀點來界定方案的範圍時，我們必須特別留意，不同的理論觀點對同一個現象會有不同的解釋，所以其採取的實務策略與行動也會有很大的差異；所以，我們必須先清楚釐清理論觀點的內涵與核心論述，才能在這樣的理論內涵與核心論述底下界定方案的範圍。以台北市政府曾於2001年至2004年間推動「台北市家庭發展帳戶專案」這個實驗方案為例，這個方案是以美國學者 Michael Sherraden 的「資產累積福利理論」（assets-based welfare theory）為

依據，在這個理論中，Michael Sherraden 認為應該將過去以「所得」為主要意識型態的貧窮福利政策，轉向以「所得」加「資產」為主的福利模式，因此提出「財產形成」這項福利政策的新視野（王篤強，2007；鄭麗珍，2005）。也因此，這個方案的主要作法是邀請當時在台北市設籍的低收入戶，以個人或家戶為單位自由參加，參加者必須在三年內於個人的特定帳戶中定期定額地儲蓄；儲蓄期間，台北市政府與台北市白陳惜慈善基金會合作，串連當時的寶來證券與台北銀行（現已改制為富邦銀行）等企業，共同組成「台北市家庭發展帳戶專案共同基金」，配合參與者個人的儲蓄金額提供三年1比1相對的配合款一併存入帳戶之中。三年後，參與者在專戶的存款金額經過審查小組核可後，可用於「小本創業、高等教育、首度購屋」等三項用途；參與者在參與此專案的過程中，除了需要穩定工作外，也須定期參與教育理財課程135小時（缺席不得超過十分之一），以及全程參加脫貧教育課程；此外，若參與者未穩定救業、未達課程參與之指定時數，或未依「創業、教育、購屋」這三項使用目標來使用儲蓄金額，則會被取消資格。簡單來說，「台北市家庭發展帳戶」這個脫貧方案，是採鑲嵌於物質經濟基礎之上的「富裕」定義，視「擁有資產」為「不貧窮的生活型態」，因此「資產累積」（即透過儲蓄讓貧戶可以累積金錢）便成為台北市家庭發展帳戶的主要脫貧策略，而這樣脫貧策略也界定出此方案的範圍。

圖4-3以此方案為例，示範如何運用理論觀點來界定方案的範圍。若您（或方案規劃團隊）希望採取這個的思考模式來界定方案的範圍，我們建議您（或方案規劃團隊）可以先將所採用的理論觀點其內涵羅列出來；之後，針對理論觀點的內涵所對應的實務行動一一地列出，如此會形成一份對照表。從這樣的對照表中，您（或方案規劃團隊）可以清楚地瞭解所採用的理論觀點所導引出來的實務策略與行動是什麼，並以此來界定方案的範圍。

理論觀點的內涵	實務策略與行動
1. 從「所得脫貧」轉向「累積資產脫貧」。 2. 政府扮演協助貧窮者制度性累積資產的角色。 3. 以個人儲蓄專戶作為工具,透過相對配合款的誘因機制,協助貧窮者累積金融性資產	1. 徵求志願參與的低收入戶 2. 參與者3年內在特定帳戶中定期儲蓄。 3. 由政府結合民間力量組成「家庭發展帳戶共同基金」。 4. 設定資產(儲蓄金額)的用途:例如只能用於小本創業、高等教育學費、首度購屋。 5. 設定參與者的權利、義務,例如:參與者須參加理財教育課程／團體,未達規定時數者取消資格。 6. 配合參與者的儲蓄金額提供三年1:1的相對配合款存入參與者的帳戶。 7. 審核是否撥款。

圖4-3 「藉由特定的理論觀點來界定範圍」的思考模式示意圖

　　要特別提醒讀者的是,當我們在運用理論觀點時,除了必須清楚釐清理論觀點的內涵與核心論述外,也要注重理論觀點與方案的切合性。有許多方案規劃者會以自己「較熟悉」,或是「怎麼說都可以沾得上邊」的理論觀點——例如要進行弱勢家庭兒童課輔、青少年自我成長團體、單親媽媽社會支持、獨居老人的生活照顧……等方案,都會寫到運用「需求層次論」或是「生態理論」來作為方案的理論基礎,這樣的寫法並不適當,因為「需求層次論」或「生態理論」可解釋的現象實在太多,並無法對我們的實務策略與行動指出具體的引導方向。舉個例子來說,某方案是希望增進及強化特殊境遇婦女的社會支持,讓她們在擁有更多元的社會網絡後,可以運用這樣的社會網絡來增加自己有形或無形的社會資本,以逐漸脫離貧窮的處境,那麼這個方案「改變的理論」應該是「採取增進或強化特殊境遇婦女的社會

支持網絡這樣的策略、方法與行動，可以達到增加這群婦女有形或無形的社會資本而逐漸脫貧」，這樣的關聯在James Samuel Coleman（1926-1995）所提出的「社會資本」（social capital）理論可以找到清楚而明確的闡釋。也就是說，在這個方案中，採用Coleman（1994）的「社會資本理論」來作為方案的理論觀點，會比採用「需求層次論」或「生態理論」更為妥適。

當然，選擇或運用適當的理論觀點，必須您（或方案規劃團隊）對理論觀點具有某種程度的敏銳度；而增進對理論敏銳度的方式，除了透過閱讀或教育訓練來對理論觀點有更深刻的理解外，實務經驗的累積也是一個重要的面向，當我們在某個領域／議題願意去投入、累積，而且願意隨時反省自己的實務作為，以精進實務工作的知識基礎，那麼我們的敏銳度也會跟著增加。

本章學習／操作重點 之I

一、請以您（或方案規劃團隊）思考／討論要用上述哪一個模式來界定方案的範圍。

二、請畫出您（們）的思考模式圖，並思考／討論這樣的思考模式圖是否合理？

貳 呈現方案的核心觀點與範圍

　　透過上述三個不同的思考模式來界定方案的範圍後，我們可以將方案的核心觀點與範圍以「簡要」但「具體」的方式陳述出來。所謂簡要是指這樣的陳述可以將方案的核心觀點以提綱挈領的方式表達出來；所謂具體是指呈現在方案核心觀點的引導下，所導引出來的實務策略與行動是什麼。若以前述「社區中有親職教養困擾的弱勢家庭新移民媽媽」為例，這個方案的核心觀點可以這樣表述：

> 　　　　　　　　　　　　　　將複雜的觀點
> 　　　　　　　　　　　　　　簡要地陳述出來
>
> 從許多文獻與本會的服務經驗顯示，社區中弱勢家庭新移民媽媽在家庭中因長期被工具化，致使自我價值低落，因而無法產生對家庭成員積極付出的動力。若可以滋潤這些新移民媽媽自我價值感，提升她們的自信，這樣她們對家庭成員積極付出的動力才會出現，親職教養的困擾也才有可能獲得處理。
>
> 　　所導引出的實務策略
> 　　與行動方案活動

　　又例如以前述「台北市家庭發展帳戶專案」為例，這個方案的核心觀點可以這樣表述：

> 　　　　　　　　　　　　　　將複雜的觀點
> 　　　　　　　　　　　　　　簡要地陳述出來
>
> 依 Michael Sherraden 「資產累積福利理論」（assets-based welfare theory）的觀點，在資本主義的社會裡，貧民無法脫貧的主要原因是因為他們無法順利累積資產。政府應扮演「制度性」的協助角色，協助貧民透過「資產累積」的方式脫貧。資產累積可以以個人儲蓄帳戶作為工具 —— 藉由相對存款配合的儲蓄誘因機制協助低收入戶累積金融性資產，讓他們有計畫地朝向指定的使用目的來累積資產。
>
> 　　　　　　所導引出的實務策略
> 　　　　　　與行動方案活動

　　要特別提醒的是，由於每個組織會依據其所擁有的資源、專長與優勢來考慮方案的內容，所以每個方案會有其特定的任務與範圍。也就是因為每個組織所發展出來的方案會有特定的任務與範圍，所以就必須透過組織間的「協調合作」（collaboration）、「夥伴關係」（partnership），來從事「網絡式服務」（networking services），讓服務對象獲得更全面性的服務。但由於「協調合作」、「夥伴關係」與「網絡式服務」的定義、論述與實務行動需要更深入討論，囿於本書的寫作目標及篇幅限制，僅在此提出這樣的概念及其重要性，而不特別處理這個議題。若讀者對此議題有興趣，可參閱由Glasby and Dickinson所編輯的《更好的夥伴關係》（*Better Partnership Working*）這套系列叢書[1]。

本章學習／操作重點 之2

請您（或方案規劃團隊）將方案的核心觀點與範圍，簡要但具體地表述出來。

參 以邏輯模式來勾勒方案的整體圖像

　　在界定方案的範圍以及提出方案的核心觀點後，我們可用美國家樂氏基金會所發展出來並經中華聯合勸募協會稍作修改的「方案邏輯

---

1 這套系列叢書包括：《Partnership working in health and social care》（Jon Glasby and Helen Dickinson著）；《Managng and leading in inter-agency settings》（Edward Peck and Helen Dickinson著）；《Interprofessional education and training》（John Carpenter and Helen Dickinson著）；《Working in teams》（Kim Jelphs and Helen Dickinson著）；以及《Evaluating outcosme in health and social care》（Helen Dickinson著）等著作。

模式圖」（空白格式如〔工作表單一〕），勾勒出方案
的整體圖像。此圖是由六個方塊所組成，每個方塊都代
表在整體性的思考方案要做什麼、該怎麼做、想達到什
麼理想時的重要元素。

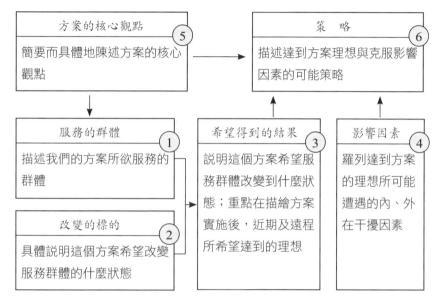

圖4-4 方案邏輯模式圖（說明）
資料來源：修改自 W. K. Kellogg Foundation（2001）。

一、服務的群體

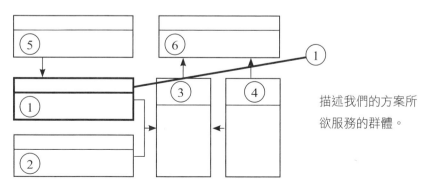

描述我們的方案所
欲服務的群體。

二、改變的標的

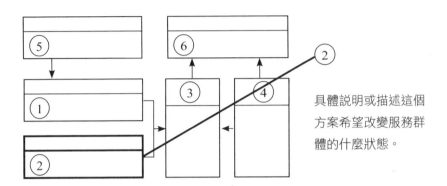

具體說明或描述這個
方案希望改變服務群
體的什麼狀態。

三、希望得到的結果

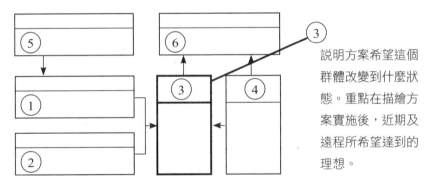

說明方案希望這個
群體改變到什麼狀
態。重點在描繪方
案實施後，近期及
遠程所希望達到的
理想。

四、影響因素：

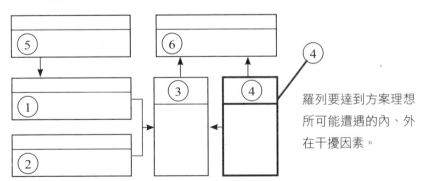

羅列要達到方案理想
所可能遭遇的內、外
在干擾因素。

五、方案的核心觀點：

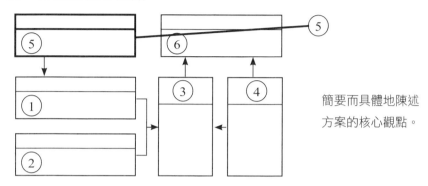

簡要而具體地陳述
方案的核心觀點。

六、策略：

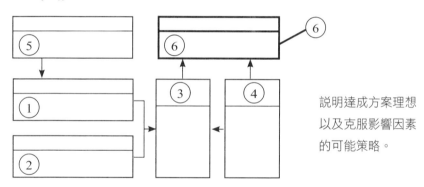

說明達成方案理想
以及克服影響因素
的可能策略。

　　在此，我們以某個「隔代教養家庭支持方案」為例（這個案例是作者綜合許多案例編纂而成，並非由一個特定的案例而來），來說明如何運用「方案邏輯模式圖」這個工具勾勒方案的整體圖像。在這個假想的方案中，方案規劃者觀察到社區中就讀國小及國中階段的孩童，因為隔代教養而出現祖、孫間溝通的困難；祖父母身心耗竭無法提供妥善的照顧；以及這些孩童課業低成就等問題；於是畫出這個方案的「邏輯模式圖」（詳如圖4-5所示）。

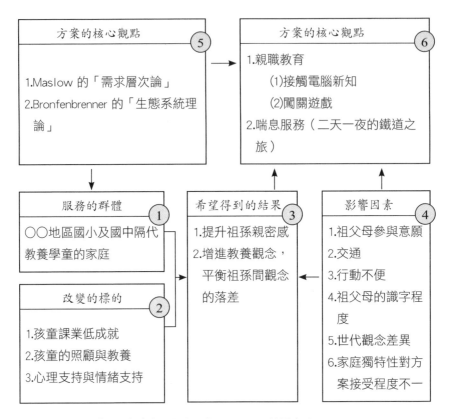

圖4-5 某個假想「隔代教養家庭支持方案」原始的邏輯模式圖

在圖4-5中，從「①服務的群體」這個方塊中，我們看到這個方案的服務對象是家庭，即隔代教養的主要照顧者——祖父母，以及被照顧者——就讀國小及國中階段的兒童；但須要思考的是：我們所擁有的資源、能力真的可以針對這兩個群體進行服務嗎？兩個群體我們都有辦法釐清他們的問題、需求與經驗嗎？從「②改變的標的」這個方塊中，我們須要釐清的是，為什麼要處理這三個議題？這三個議題是這些家庭最迫切須要改變的標的嗎？這個方案的主題是「家庭支持」，「家庭支持」的主要內涵是這三個議題嗎？從「③希望得到的結果」這個方塊中，我們要問的是，改變了②所列的三個標的，真的就能提升祖孫之間的親密感？弭平祖孫間觀念的落差嗎？

　　從「④的影響因素」這個方塊中，我們須要思考的是，所列舉的這些影響因素真的都是影響「家庭支持」的重要因素嗎？從「⑤方案的核心觀點」這個方塊中，我們須釐清的是，「需求層次論」及「生態系統理論」真的可以協助我們導引出「家庭支持」的實務策略與行動嗎？從「⑥策略」這個方塊中，我們要問的是，給予祖父母電腦新知、進行闖關遊戲，以及喘息服務（二天一夜的鐵道之旅）是「家庭支持」的內涵嗎？這樣的策略足以回應③、④、⑤所陳述的內容嗎？簡言之，從圖4-5所呈現的邏輯模式中，我們並無法看到這6個方塊有很清楚的「邏輯」貫穿於其中。很有可能是這個方案規劃團隊太過著重在「消解服務對象所出現的問題」，而沒有將服務對象的問題、需求與經驗加以整合，進而提出貼近這些家庭的「家庭支持」方案。

　　如果我們想修正這個方案，讓這個方案更貼近這些家庭，我們可以如何修改呢？首先，我們必須決定我們的服務對象是誰？原本的方案是希望祖父母與孩童這兩個群體都進行服務，但這在實務上會是個高難度的挑戰。所以我們應該就所觀察到的現象（即隔代教養家庭的祖父母出現管教孫子／女的問題）來思考：這些祖父母是「管不動」孫子／女？還是「不會管」？如果是「管不動」，那麼方案的焦點就要放在兒童身上；如果是「不會管」，才會將焦點放在祖父母這邊。假設這個團隊在整理機構過往的實務經驗後，發現其實是祖父母「管不動」；但如果孩子可以改變，讓一些問題行為有所消減，那麼祖父母的管教問題就不會是最迫切須要處理的議題。假設在經過這樣的澄清後，這個團隊將服務對象鎖定為孩子而非祖父母，那麼，我們便須再思考，社區中除了隔代教養的孩子外，還有其他的孩子有類似的處境或狀況嗎？如果是，那麼這個方案應該將社區中所有類似處境或狀況的孩子都納入成為服務對象。但這又會出現一個問題，那就是國小一年級至國中三年級的兒童，在身、心發展上其實有很大的差異，若放在同一個方案中並不適當。假設這個團隊在經過深入地思考及討論後，將服務對象定為「社區中就讀於國小五年級至國中一年級，缺乏適當照顧資源的弱勢家庭兒童」。

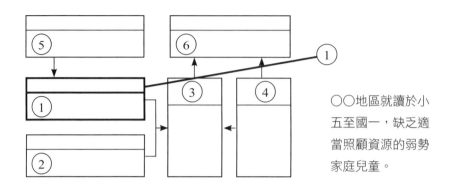

○○地區就讀於小
五至國一，缺乏適
當照顧資源的弱勢
家庭兒童。

　　在確定方案的服務對象後，我們便可以進一步思考這個方案須要
改變的標的，以及希望這個方案希望達到的理想。假設方案規劃團隊
認為這個方案主要想處理這些孩子「學業低成就」的問題；這時，我
們便須要進一步追問，是什麼因素造成這些兒童學業低成就？假設這
個團隊以「個人、群體及結構」這三個層次來進行探索；在經過嚴謹
的探索後，他們將這個方案定位在個人及群體的層次，並提出「由於
這些孩子長期生活在缺乏適當照顧資源的環境中，致使他們自我價值
感低落，進而影響到他們在校的課業表現以及同儕關係；如果可以透
過群體的力量來增進他們的自我價值感，便有可能提升這些孩子的自
信，改善他們學業低成就的問題」這樣的方案假設。簡言之，這個團
隊是希望達到：「藉由協助這些兒童滋潤自我價值感，讓他們更有自
信地面對週遭的人、事、物」這樣的理想。

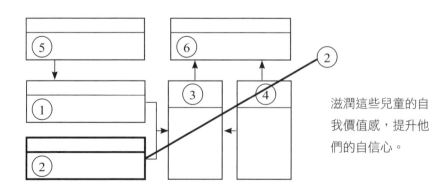

滋潤這些兒童的自
我價值感，提升他
們的自信心。

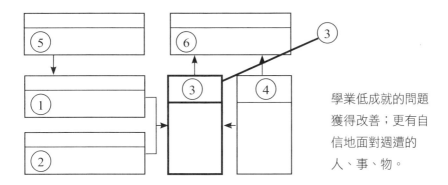

學業低成就的問題獲得改善；更有自信地面對週遭的人、事、物。

　　雖然我們提出了以上這些想法，但可能會有許多因素阻礙這些理想的達成。假設這個團隊想到的影響因素包括：(1)家長／主要照顧者不支持，所以不願意讓孩子來參加；(2)服務內容無法引發兒童的興趣。

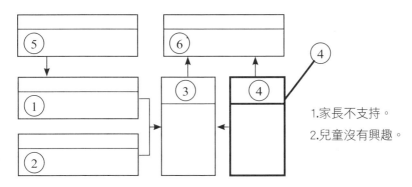

1.家長不支持。
2.兒童沒有興趣。

　　再來，要如何才能讓這些孩子的自我價值感獲得滋潤呢？從人本心理學的角度來看，要讓孩子的自我價值感獲得滋潤，首先必須讓這些孩子相信自己有能力去完成一件事；當一個孩子感受到自己是有能力的，且可以不斷地累積成功的經驗，其自我價值會逐漸提升，她／他會從「心」去認識自己，喜愛自己。在這樣的思考底，假設這個團隊提出「讓孩子從簡單的事情做起，能夠一件、一件地完成所交付的任務，讓他們累積成功經驗，以滋潤孩子的自我價值感」來作為這個方案的核心觀點。

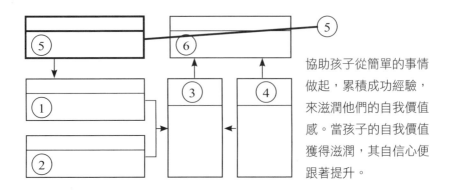

協助孩子從簡單的事情做起，累積成功經驗，來滋潤他們的自我價值感。當孩子的自我價值獲得滋潤，其自信心便跟著提升。

最後，我們必須思考整個方案的策略，此策略必須要能回應方案希望達到的結果以及方案的核心觀點，同時也要能克服方案的影響因素。以此方案為例，假設規劃團隊在經過縝密的思考後，提出的策略包括：(1)進行家訪：針對參與此方案的兒童進行家訪，一方面瞭解兒童的家庭狀況；二方面也讓家長瞭解課後照顧的內容，取得家長／主要照顧者的信任；同時當孩童在服務過程中出現某些狀況時，也可以透過家訪進行較深入的處遇，或引介相關資源協助孩童及其家庭處理困境。(2)課後陪讀：協助兒童完成家庭作業，及複習／講解學校課程中對孩子較困難的單元。(3)體驗教育與活動：讓孩子透過個人及團隊合作，由簡單而至複雜，漸次完成任務；最後在暑假期間以完成攀岩活動作為這項服務的總驗收。(4)兒童戲劇教室與公演：讓孩子藉由一連串的遊戲、肢體開發，將內心的情感透過語言、表情、肢體、聲音等各種方式表達出來，並讓孩子學會各種角色扮演，以瞭解自己、關心別人；最後在年底以完成社區的戲劇公演（邀請孩子的家長／主要照顧者，以及社區中的人士共同前來觀賞）作為這項服務的總驗收。當這個團隊確定這三個策略後，還須回頭審視這樣的策略是否有回應方塊③、④、⑤所陳述的內容。

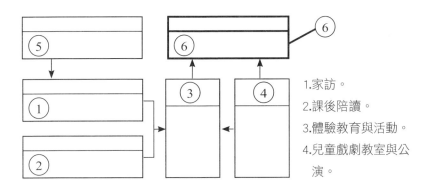

　　在經過上述重新思考與討論後，這個團隊重新畫出的「邏輯模式圖」（如圖4-6所示）。從中我們可以檢視，修正過的邏輯模式圖是否比原始的邏輯模式圖更具「邏輯性」呢？

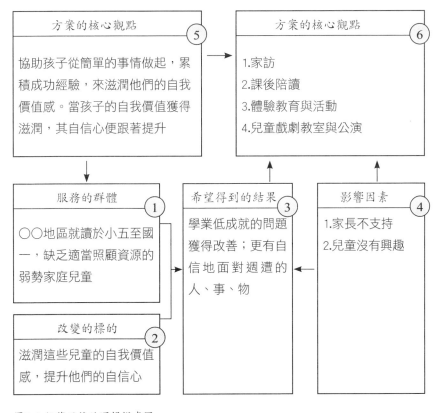

圖4-6 經修正後的邏輯模式圖

本章學習／操作重點 之３

一、請您（或方案規劃團隊）依本章範例完成
　　【工作表單一】。

二、請思考／討論這樣的邏輯模式圖是否合理？

5

設定方案的目標與目的

　　在經過第二、三、四章的思考與討論，勾勒出方案整體的圖像後，我們要進一步將這樣的圖像具體地描繪出來。本章將帶領讀者一起來思考及操作如何書寫方案的目標與目的。在前一章中我們提到，方案帶有特定的任務，而這樣的任務是奠基於組織的使命，以及方案所採取的核心觀點，進而希望改變服務對象的某個／些標的，並達到特定的理想；而這個方案所希望達到的理想，我們稱之為方案的目標（goals）；而每個目標可再化為幾個具體、明確、可觀察或測量的目的（objectivities）[1]（詳如圖5-1所示）。方案的目標與目的可以說是將方案所希望達到的理想予以具體化，同時也是方案在進行評估時所依循的基準，其重要性自然不言可喻。本章將說明在思考及書寫方案的目標與目的時所須涵蓋的面向與內容。

圖5-1　組織使命、任務與方案目標、目的之關係圖

---

1 國內目前也有學者主張將 "goals" 翻譯成「目的」，將 "objectivities" 翻譯成「目標」，例如高迪理譯（2009）就是採用這樣的主張。

壹 目標（Goals）

　　方案的目標是指對於方案所欲達到的最終影響或理想的想像與陳述，其重點在於——當方案所設定的「改變的標的」被達成時會呈現出什麼狀態？透過這樣的陳述，來理解方案要帶我們到達什麼境地。也因此，在思考方案目標時應涵括的元素包括：

　　一、方案的服務對象；

　　二、服務對象改變的標的；

　　三、方案最終希望達到的理想；

　　四、達成這樣的理想所使用的策略。

實務案例5-1

方案目標（Goals）範例分析

　　在「○○市潛在中途失明者及其家庭支持服務方案」中，方案規劃者敘述其目標為：

| 服務對象 | 使用策略 | 改變的標的 |

潛在中途失明者接受「心理輔導之成長團體」，能預先明瞭全盲的心理情緒反應及心理歷程，來預先做好防盲的準備。透過「盲用電腦的訓練」，增強其生活技能的發展，並培養獨立生活的信心。此外，也透過潛在失明者的「支持成長團體」，提供心理支持，彼此鼓勵與學習。

方案希望達到的影響或理想

註：感謝楊珺雅小姐提供本實務案例。

　　此外，我們也會期待方案在推動的過程中，可以在不同的階段達到不同的理想，所以我們可以將目標依時間的往前推演區分為短、中、長期目標；但要特別注意的是，這三期的目標彼此之間必需要有邏輯上的關聯性。以圖5-2為例，一個針對少年進行課輔的方案，其短、中、長期的目標可以形成這樣一個彼此關聯的邏輯關係：「若少年學習到好的讀書習慣，那麼他們就會運用這個好的讀書習慣來完成家庭作業；如果他們可以完成家庭作業，那麼他們的學業成績會獲得改善；如果他們的學業成績獲得改善，那麼他們就可以順利地從學校畢業」（引自中華聯合勸募協會編譯，2004：I-14）。

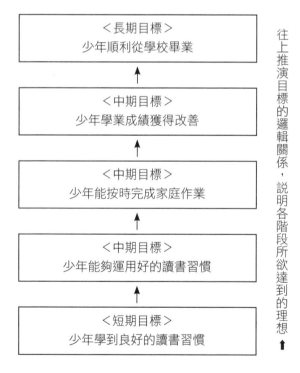

圖5-2 方案的短期、中期、長期目標關係示意圖
資料來源：改寫自中華聯合勸募協會編譯（2004：I-14）。

貳 目的（Objectivities）

當我們描繪出方案的目標後，接著就要將這個目標化為數個具體、明確、可觀察或測量的陳述，這樣的陳述我們稱之為「目的」。目的必須呼應目標，其重點應放在特定的時間內，方案預期可達到明確、可觀察或測量的成果。所以我們在設定目的時，可以從下列方向來思考：

一、方案的服務對象

目的的重點在於明確指出方案希望服務對象所產生的具體改變，所以方案的服務對象是目的陳述中一個很重要的元素。

二、時間架構

是指將達成方案目的的時間架構放在目的陳述中，藉此瞭解方案是否在特定的時間內達到預期的效果。在陳述方案的時間架構時，除了呈現達成方案目的所需的時間架構外，也要注意社工介入／處遇的時間性，因為社工的介入／處遇往往需要一些時間的蘊釀才能看到服務對象具體的改變。

三、明確、可觀察的具體成果

Kettner, Moroney and Martin認為：「方案的目標與目的應被視為一種契約，如果我們可以獲取所要求的資源，則所陳述的成果應該要能達成」（高迪理譯，1999: 133）。既然它是一個契約，那麼其陳述就應該明確，如此才有可能觀察這些陳述的內容是否被達成。所謂明確是指可以透過某些判準來指出方案所欲達到的成果。例如：90%的18歲以下未婚懷孕少女在經過本會的安置服務後，可以順利地產下健康的寶寶。

四、觀察或測量目的是否達成的方法

即描述如何觀察或測量目的所陳述的內容是否達成。以下【實務案例5-2】是財團法人基督教台中更生團契針對「女性更生人中途之家」這項服務方案所書寫出來的方案目標與目的。從這樣的書寫中我們可以看到，每個目的確實都有呼應其相對應的目標，同時也含括了時間架構、服務對象、明確且可觀察或測量的具體成果，以及觀察或測量目的的陳述是否有達成的方法。

實務案例5-2

方案、目的如何對應目標示例

在財團法人基督教台中更生團契所規劃與執行的「提升女性更生人就業適應之輔導工作方案」中，該會所訂的目標及目的如下：

目　　標	目　　的
一、藉由團體生活，改善女性更生人個人不良習慣。	1.1 在安置期間一年半內，有90%以上的女性更生人成功戒菸、戒酒、戒毒。 1.2 有90%以上的女性更生人可以正常作息，並遵守團體公約。
二、透過社交禮儀及人際溝通課程，提升女性更生人之社交禮儀與溝通技巧。	2.1 有60%以上的女性更生人在電話禮貌上、日常社交禮儀上、或與社區鄰居相處中，有明顯進步。
三、透過個別諮商會談，增加女性更生人問題解決能力，進行生涯規劃	3.1 有70%的女性更生人能主動解決至少2項自己所面臨的問題。 3.2 有70%的女性更生人能提出自己具體的生涯規劃。
四、透過電腦課程，讓女性更生人習得基礎電腦知識與操作技巧	4.1 參與此課程的女性更生人至少70%會操作基本的Word、Excel、PowerPoint套裝軟體；且會上網、收發E-mail、查詢資料。
五、增加女性更生人就業穩定性	5.1 至少80%的女性更生人接受中區職訓局之短期職業訓練，完成課程與實習。 5.2 至少80%的女性更生人第一份工作可以在同一雇主僱用下持續三個月以上。

註：本實務案例改寫自財團法人基督教台中更生團契發表於中華聯合勸募協會2009年11月20日所舉辦「社區影響力展能計畫成果發表會」之分享案例。

　　在此我們提供【工作表單二：方案規劃邏輯思考輔助表】這個工具供讀者使用。【工作表單二】共有六欄，第一、二欄分別是方案所欲改變的標的，以及方案的核心觀點；第三、四欄則是方案的目標與目的。透過【工作表單二】我們可以較清楚地來對照方案的目標與目的是否有回應方案所欲改變的標的以及方案的核心觀點；亦即，藉由填寫這份表單，我們可以更清楚地檢視自己思考方案的邏輯，以及方案各個面向之間是否具有邏輯性。當然，【工作表單二】是提供給讀者在思考方案的邏輯性時，一個參考的工具，所以其中各欄填寫的內容可以較為簡略。在正式的計畫書中，須將各欄的內容轉化為較充份、詳盡的說明或描述。

跟著本書動動腦：我們可以這樣書寫目的

依聯勸的經驗，有不少組織會將服務對象「參與方案的過程」，或是「服務內容或流程」的內容（例如出席率、參與意願……等）寫成目的，這可能是對目的的誤解。當我們在思考目的時，必須認清目標與目的兩者之間有著根本的差異，但又有著密切的關連。基本上，目標指的是方案希望達到的理想，所以其陳述會較抽象；而目的則是跟著目標而來，所以目的的內容要能對應到目標的核心內涵。舉例來說，如果我們的方案目標是「透過遊戲治療讓目睹家庭暴力兒童受創的心靈獲得療癒」，那我們的目的就應該針對「心靈獲得療癒」這件事發生時，其具體的樣態是什麼？將它描述出來。但什麼才是「心靈獲得療癒這件事發生時具體的樣態」？許多文獻都告訴我們，目睹暴力兒童會因為目睹暴力行為而產生恐懼、焦慮、沮喪……等負向的情緒經驗，以及會產生失眠、人際退縮、暴力攻擊……等狀態或行為，透過遊戲治療可以讓這些負向的情緒經驗、狀態及行為獲得減緩或消減。也就是說，當「心靈獲得療癒」這件事發生時，「恐懼」、「焦慮」、「沮喪」這些負面的情緒，以及「失眠」、「人際退縮」、「暴力攻擊」等這些行會獲得舒緩或減少；而方案的目的就是要寫出透過遊戲治療可以改變或減緩這些負向的情緒或行為到什麼程度。所以，我們可以將「透過遊戲治療使目睹家庭暴力兒童受創的心靈獲得療癒」這個目標，其所對應的目的寫成：

透過每月二次、為期一年的遊戲治療，讓60%的目睹家庭暴力兒童：

1.恐懼、焦慮、沮喪等負面情緒獲得減緩；

2.失眠、人際退縮的情形獲得改善；

3.暴力攻擊行為有所消減。

本章學習／操作重點

一、請將您（或方案規劃團隊）所思考的方案目標與目的轉化為文字敘述，填入【工作表單二】的第三欄「方案目標」，以及第四欄「方案目的」中。

二、請您（或方案規劃團隊）以【工作表單二】來思考方案的目標與目的是否與「改變的標的」以及「核心觀點」具有邏輯關係？若彼此之間沒有邏輯關係，請進一步思考、修正之。

chapter

6

描繪方案的活動或服務內容 ⋮⋮⋮⋮

　　當我們設定了方案的目標及目的後，我們須進一步描繪方案的活動或服務內容。這個單元的重點在於思考及陳述為了達到方案的目標及目的所須從事的活動或應提供的服務，以及這些活動或服務如何運作。在這個步驟我們必須特別注意：方案的活動或服務內容必須奠基於方案的核心觀點及範圍，同時也可以透過這些活動或服務內容來達成方案的目標與目的。在進行服務設計時，應包括以下幾個重要的元素：描述服務定義、訂出活動或服務的具體項目與內容、畫出服務流程圖，以及設計相關表單。

壹　描述服務定義

　　服務定義是指「簡單扼要地描述方案所欲提供的服務，其作用是將促成服務對象改變的一系列活動，從一個較大的範圍濃縮或簡化成一個較小且特定的重點」（高迪理譯，1999: 149）。撰寫服務定義的目的，是提供一個相對較正式的陳述，以作為各界對方案所提供的服務能有共同瞭解的基礎，同時也協助我們瞭解方案的服務對象與服務的重點為何，例如：

實務案例6-1

服務定義之範例

在「○○市潛在中途失明者及其家庭支持服務方案」中，方案
規劃者敘述其服務定義為：

本方案是針對潛在中途失明者提供心理輔導成長團體與個人盲
用電腦訓練課程；同時也針對潛在中途失明者的家庭成員提供
支持成長團體。三項服務的定義如下：
一、潛在中途失明者完成二階段，共計32小時的成長團體。
二、潛在中途失明者完成每週4小時，共計96小時的個人盲用
　　電腦訓練。
三、潛在中途失明者的家屬完成每週2小時，為期6週的支持成
　　長團體。

註：感謝楊珺雅小姐提供本實務案例。

訂出活動或服務的具體項目與內容

　　這是指為達成服務定義所應包括的各項活動（activities）。以某組織所從事的「18歲以下的未婚懷孕少女諮詢、安置，以及後續追蹤服務方案」為例，其活動或服務內容包括：印製宣導手冊、至各學校辦理安全性行為講座、進行夜間外展服務、開設少年／少女未婚懷孕諮詢專線及面談服務、設置中途之家進行24小時的照顧服務、定期電話及家庭訪視、陪同服務（包括陪同就醫、就學、就醫、出庭……等）。活動或服務內容必須奠基於方案的核心觀點及範圍，同時也要能透過這些活動來達到方案的目標與目的。此外，由於方案不見得是由方案規劃者／團隊來執行，也可能必須與其他單位或人員分工合作才能完成，所以在思考及陳述方案的活動或服務項目／內容時，要儘可能細緻，包括誰來進行？在什麼時候進行？如何進行這些活動？須填寫哪些表單？以及這些活動的進行是否有先後順序……等，如此才能讓不同的執行者對方案的服務內容有相同或相似的理解。【實務案例6-2】是「○○市潛在中途失明者及其家庭支持服務方案」，方案規劃者針對該方案的服務項目所書寫的內容；由於篇幅的限制，在此無法呈現原方案完整的內容；而是採濃縮原文重點的方式呈現；在原方案計畫書中，作者有詳盡地描述各項服務的內容，例如詳細說明支持團體的實施步驟與內容。

實務案例6-2

方案的活動或服務內容之範例

在「○○市潛在中途失明者及其家庭支持服務方案」中，方案規劃者敘述其方案的服務內容為：

一、服務對象的招募：本方案透過下列方式招募服務對象
　　1.本會既有服務對象：由社工員先行篩選出本會服務對象中的潛在中途失明者及其家屬，先以電話聯繫、溝通、詢問其參與意願，之後再進行家庭訪視評估其是否適合參與本方案。

　　2.其他機構轉介：發文給本市公、私立身心障礙社會服務單位，告知本方案的實施內容，歡迎各單位轉介。轉介過來的潛在中途失明者及其家屬，由本會社工員進行家庭訪視評估其是否適合參與本方案。

二、「潛在中途失明者」心理輔導成長團體：
　　透過此團體讓參與者能預先明瞭失明可能產生的情緒反應及心理歷程，預先作好防盲的準備，以建立服務對象防盲的知識及心理調適為主，此團體分為二階段，每階段為每週2小時，為期8週，共計32小時的團體。第一階段結束後，由社工員進行個別會談，為其參加第二階段的團體做準備。

三、個人盲用電腦訓練：
　　透過盲用電腦訓練，讓中途失明者能夠透過聽覺和觸覺，學習運用盲用電腦來進行閱讀、資料整理、資料查詢、與人溝通，甚至運用盲用電腦來工作。由20位具備個別盲用電腦執照的師資人員進行1對1的個別教學與指導；每週4小時，共計96小時。

四、潛在中途失明者家屬支持團體：

透過此團體讓潛在中途失明者的家屬能瞭解如何協助家中的潛在中途失明者避免視力惡化，做好將來面對家中有全盲者之心理調適與情緒支持。此團體為封閉式團體，每週2小時，為期6週，參與者必須先行繳交1,200元費用，全程參與者全額退還。

註：感謝楊珺雅小姐提供本實務案例。

參 畫出服務流程圖

上述所列各項方案的活動或服務內容，方案規劃者／團隊應依實施的先後順序，將這些活動或服務內容之間的關係，畫成一套切合實際運作的服務流程圖，以作為方案執行時的依據。以圖6-1為例，這是某個組織依據〈兒童及少年性交易防制條例〉第35條的規定，接受某縣政府的委託進行「○○地區兒童及少年性交易犯罪行為人輔導教育課程計畫」這項服務方案；該組織依〈兒童及少年性交易犯罪行為人輔導教育辦法〉的規定，將行為人從報到結案分為9個步驟，再依這9個步驟實施的先後順序畫出流程圖。從這樣的流程圖可以很清楚地瞭解此方案的實施內容與過程。

肆 設計相關表單

方案在執行過程中，往往須要透過相關的表單來協助我們記錄服務的內容、過程；在進行方案評量時，也須要透過表單來提供必要的

資訊，或針對表單的內容進行分析，來瞭解方案的成效。因此，在規劃方案的活動或服務內容的同時，也應針對每項活動或服務內容設計相關的表單，以方便在方案執行的過程中，同步蒐集相關資訊。在設計相關表單時，我們建議讀者可以針對服務流程圖中的每一個步驟，思考其應提供給服務對象填寫的資料，或方案欲蒐集的資訊，依此來設計相關的表單。以圖6-1為例，該組織針對流程圖中每個步驟須提供給服務對象填寫的表單，或是方案規劃者希望蒐集的資訊來思考應該設計出什麼樣的表單，例如在「行為人填寫基本資料表」這個步驟，該組織認為須提供「C型行為人基本資料表」供行為人填寫，所以在方案規劃時就應一併設計出「C型行為人基本資料表」；又例如在「簽署應注意事項」這個步驟，必須由主責的社工人員向行為人清楚說明整個輔導輔育內容及時數後，請行為人簽名，所以方案規劃者須參考相關法規及法律文件，設計出「C型行為人接受輔導教育課程應注意事項」這份文件，以利後續在進行服務時可以使用。

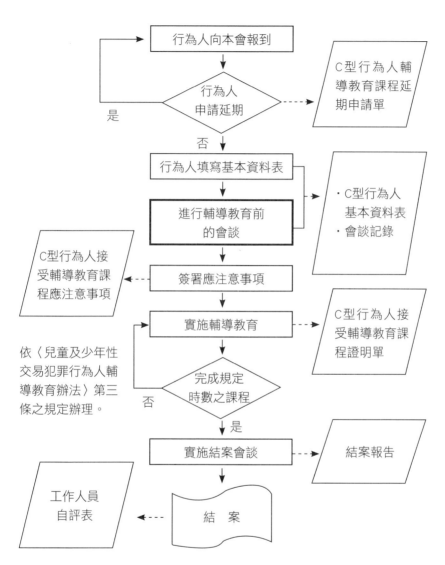

圖6-1 「○○地區兒童及少年性交易犯罪行為人輔導教育課程實施方案」流程圖

　　經過以上的討論，讀者對於該如何「描繪服務方案的活動與服務內容」，以及其所應涵括的內容，應該有相當程度的瞭解。讀者可以繼續使用【工作表單二：方案規劃邏輯思考輔助表】，將您自己所思考到的方案活動與服務內容填入第六欄，並檢視方案的活動與服務內容是否有呼應服務對象改變的標的、方案的核心觀點與範圍，以及方案的目標與目的，以確定這些單元間彼此是否具有邏輯性。當您（或方案規劃團隊）確定方案的活動與服務內容的確有呼應服務對象改變的標的、方案的核心觀點，以及方案的目標與目的後，可將第六欄的內容轉化為較詳盡的說明放入方案計畫書中，讓閱讀方案者可以清楚瞭解每一項活動與服務內容的內涵、這些活動與服務內容如何運作，以及彼此之間的關聯。

本章學習／操作重點

一、請將您（或方案規劃團隊）所思考方案的活動／服務內容填入【工作表單二】的第六欄「活動與服務內容」中。

二、請您（或方案規劃團隊）以【工作表單二】來思考方案的活動或服務內容是否有呼應服務對象改變的標的、方案的核心觀點與範圍，以及方案的目標與目的，並檢視這些項目間有否邏輯關係？若彼此之間沒有邏輯關係，請進一步思考、修正之。

三、請以圖6-1為例，畫出自己方案的流程圖。

chapter 7

決定資源投入的程度 :::::

當確定方案的活動／服務內容後，我們接著必須思考，要完成這些活動或服務內容須要投入哪些資源，並依據所需要的資源來編列方案的預算。也就是說，透過決定資源投入的程度，我們可以確認方案的規模以及財務，如此，對內可作為進行財務控管的依據，對外則可作為於爭取資源的工具。本章的重點將協助、引導讀者釐清方案所需投入的資源，以及如何編列方案的預算。

壹 資源投入（Input）

資源（resources）是指可以支持方案的人力、金錢或物資，期大致包括：服務對象（clients）、工作人員（staff）、知識與技術（knowledge and technique）、物質資源（material resources）、設施（facilities）、設備（equipment）、合作夥伴（partner），以及經費（finance）八個面向。以下針對每個面向的定義及所需考慮的因素進行說明。

一、服務對象

如前所述，服務對象是方案的主體，所以我們在「成效導向的方案規劃與評估」這個模式中，會將服務對象視為「資源投入」的一個面向。在這個面向中，我們須針對服務對象的資格（例如性別、年齡、收入、特質……等）進行詳盡地描述，透過「詳盡地描述服務對象的資格」，我們才能預估服務的人數，並從預估的服務人數中，進一步估算方案所須投入的各種資源。

實務案例7-1

方案服務對象示例

在財團法人基督教台中更生團契所規劃與執行的「提升女性更生人就業適應之輔導工作方案」中，該會描述服務對象的資格為：

一、收容年齡介於18至55歲的女性更生人；

二、自請收容，經專業評估後開案者；

三、透過財團法人更生保護會或其他機構轉介者；

四、以全省女子戒治所出所同學為主；

五、出獄後居無定所、且經濟困難、有心向上者；

六、經家長同意自費、自願接受輔導矯正者。

本會預計一年服務15至20名符合上述資格的女性更生人。

註：本案例摘錄自財團法人基督教台中更生團契發表於中華社會福利聯合勸募協會2009年11月20日所舉辦「社區影響力展能計畫成果發表會」之分享案例。

二、人力資源

是指為達成方案目標及目的所須投入的人力資源（human resources），包括專職工作人員（例如：社工師／員、諮商師、語言治療師、精神科醫師、行政助理……等）的資格及人數；兼職工作人員的資格及人數；志工的資格及人數。在思考人力資源時，必須考慮這個方案須聘任何種類型的工作人員／志工（例如工作人員／志工的性別、年齡，須具備的學歷、證照資格，或實務經驗……等），才能提供給服務對象適切的服務；同時也必須顧及每位提供服務者適當的工作承載量（work load），以確保服務品質。

三、知識與技術

是指服務提供者在提供服務時所須具備的知識、能力與技術（例如個案管理、沙遊治療、音樂治療、社區產業經營、倡導……等）。組織應該認真思考，對於方案所欲提供的服務在知識與技術上的成熟程度，如果還不夠成熟，可以透過聘任具有此知識與技術的專業人士來提供服務，或是對服務者提供者進行教育訓練以提升其知識與技術。

四、物質資源

是指直接供給服務對象的資源，例如食物、衣服、玩具、現金……等。例如高雄市慈善團體聯合協會為了協助高雄市前鎮區、鹽埕區弱勢家庭兒童改善讀書環境，在其所規劃的「高雄市弱勢家庭社區照顧服務方案」中，提出「打造讀書角」這項子計畫，由該會購買、募集書桌椅、枱燈給該會所服務的弱勢家庭學童，藉由打造這些家庭的讀書角，養成孩童良好的讀書習慣（引自高雄市慈善團體聯合協會，2009）。在此案例中，該會所購買或募集的書桌椅、檯燈即為「物質資源」。

五、設施

是指提供或輸送方案的服務時所須使用到的硬體設施，例如提供安置服務的住屋、提供諮商會談服務的諮商室、提供課後照顧服務的教室……等。機構的設施往往有相關的法規來界定其標準，以確保服務對象是在安全的環境下接受服務，例如老人福利機構的相關設施，必須依衛生福利部所訂頒的〈老人福利機構設立標準〉相關規定設立，並經主管機關勘驗後方得運作；又例如依中華聯合勸募協會於2006年1月13日全國決審會議決議通過，凡申請該會「兒童課後照顧服務方案」補助者，有責任為接受課後照顧的兒童建構一個安全的環境，故申請該類方案須符合〈兒童課後照顧服務班與中心設立及管理辦法〉及〈兒童及少年福利機構設置標準〉所規定的空間設置標準，

並依規定定期進行「消防安全設備檢修及申報」，且須檢附相關證明文件方得提出申請（中華社會福利聯合勸募協會，2014：16-17）。此外，設施也應考慮其可近性，可近性是指提供服務的場所可以讓服務對象就近接受到服務；有許多組織會透過「外展服務」（outreach）的方法來增加服務的可近性。

六、設備

是指方案活動或服務內容實施過程中所須使用到的器材，例如：庇護工廠中的盲用電腦、職務再設計後的輔具、復康巴士、沙遊治療的沙箱及各類模型、音樂治療的音響、教育宣導用的投影設備／音響……等。

七、合作夥伴

是指執行方案時所須聯繫、合作的單位，包括跨專業團隊或人員的合作，或是與公部門或私部門的合作。

八、經費

是指方案所有可能支出的金錢，在進行方案規劃時，方案規劃者／團隊應詳盡思考執行每項方案活動所須使用的經費。在思考方案的經費時，除了列出方案的直接成本（direct cost）外，還應列出間接成本（indirect cost），並將這些可能使用的經費製作成預算表。有關如何製作預算表，我們將在下個單元詳細說明。

實務案例7-2

方案投入資源示例

在社團法人台灣失智症協會所規劃與執行的「97年失智症病友及家屬支持服務計畫」中，該會針對輕度失智症病友規劃及執行「輕度失智症病友團體：瑞智學堂」這項子計畫，透過懷舊、音樂、藝術治療，以及認知訓練來延緩輕度失智症病友的功能退化，以及調適疾病所引起的認知障礙。該會針對此項子計畫所投入的資源計有：

一、輕度失智症病友；

二、本會專職工作人員3名，督導1名；

三、兼職治療師（職能、藝術、音樂）3名以上；

四、設備：上課桌椅、單槍投影機、音響、相機、教具；

五、設施：本會團體室。

註：本案例摘錄自社團法人台灣失智症協會發表於中華社會福利聯合勸募協會2009年11月20日所舉辦「社區影響力展能計畫成果發表會」之分享案例。

本章學習／操作重點 之1

一、請您（或方案規劃團隊）思考方案在運作過程中所需投入的資源，並填入【工作表單二】第五欄「投入資源」中。

二、請以【工作表單二】來檢視方案的「投入資源」是否有呼應服務對象改變的標的、方案的核心觀點與範圍、方案的目標與目的，以及方案的活動或服務內容，並檢視這些項目間有否具有邏輯性？若彼此之間沒有邏輯性，請進一步思考、修正之。

貳　編列預算（Budgeting）[1]

　　預算是對方案所需的花費進行估算的活動。在編列預算的過程中，須要運用精確的數據，且直接與金錢有關，所以預算是一種財務活動（financial activity），但預算的重點是在「未來」──即將來如何分配資源、使用經費，這和同樣是財務活動的會計（accounting）著重於「過去」──即資源及經費如何被分配、使用有所不同；此外，在編列預算時，任何一筆費用必須合理且與方案的活動或服務內容有關，所以預算也屬於方案規劃的一部分。也就是說，預算的本質除了是財務活動外，也是規劃的活動。因此，編列預算具有三個主要目的：控制、管理與規劃（Kettner, Moroney and Martin, 2008）。一

───────────

1 這個單元的內容感謝海棠基金會陸宛蘋執行長提供寶貴意見，並對內容進行編修，謹此特致謝忱。

般在進行方案規劃的過程中，最常使用的編列預算方法有二：一是單項預算（line-item budget），二是方案／功能預算（program planning budget）。以下針對這兩種編列預算的方法詳加說明。

一、單項預算

　　單項預算的特色為：使用標準化的預算表格、使用共通的預算定義，以及採用結構式的預算過程。因此採用單項預算來編列預算時，需設計一套標準化的單項預算格式，以及「有明確定義的預算類目（科目）」。所謂「有明確定義的預算類目（科目）」是指每一類的收入與支出類目（科目）都有清楚的定義，如此在進行經費歸類時才有依循的標準。單項預算多以一年期為時間架構，目前台灣多採曆年制（1月1日至12月31日）作為單項預算編列的時間基準。

　　單項預算中的收入與支出類目（科目）必須符合兩個條件：互斥性（mutually exclusive）——即所有收入或支出類目（科目）只能屬於某一個類別；以及周延性（exhaustive）——即各類目（科目）必須充分足夠，可以包含所有可能的收入及支出事項；通常我們在編列單項預算時，會有「其他」這個類目（科目），其目的就是在確保預算類目（科目）具有周延性，讓所有事項皆可以被分類及歸屬。在編列預算時，應先確認所有預期可得的收入及預定的支出，許多機構只列出預期支出，這並無法正確管理預算。此外，應注意預算中的收入、支出是否平衡，即預期「收入總額」須等於或大於「支出總額」，避免假性平衡（例如高估預期收入或低報預定支出）。在編列單項預算時，大致可分為下列步驟（詳如圖7-1所示）：

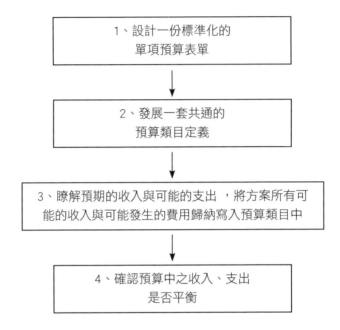

圖7-1 編制單項預算的流程圖

1、設計一份標準化的單項預算表單：單項預算表可分為收入與支出
　　兩大類目，在這兩大類目下再區分為次類目，例如收入部分包
　　括：捐贈收入、補助收入、服務收費、利息收入……等；支出部
　　分則包括：人事費、職工福利、交通差旅費、誤餐費、郵電費、
　　講師鐘點費、撰稿費、場地費……等。其格式如下：

```
收　入
    捐贈收入              $_____
    聯勸補助收入          $_____
    政府補助收入          $_____
    服務收費              $_____
    利息收入              $_____
    其他收入              $_____
    合計                  $_____
- - - - - - - - - - - - - - - - - - - - - - - - -
支　出
    職工薪資              $_____
    職工福利              $_____
    顧問費                $_____
    鐘點費                $_____
    郵電費                $_____
    文具費                $_____
    場地租金              $_____
    差旅費                $_____
    誤餐費                $_____
    水電費                $_____
    其他支出              $_____
    合計                  $_____
```

圖7-2 單項預算表類目（科目）編列示例

2、發展一套共通的預算類目定義：為了達到上述單項預算類目的互
斥性，必須針對每個類目進行操作性定義，藉此作為歸類的依
據。例如：職工薪資是指支付予員工的薪資；職工福利是指組織
所給付的勞工保險、全民健康保險費用，為員工投保的意外險或
保費……等；設備費是指承租或購買的設備，如桌、椅、電腦、
印表機、影印機……等；差旅費是指因公出差所可能支出的費
用，包括車馬費、住宿費、誤餐費、補貼汽油的費用……等。

3、將方案所有可能的收入與可能發生的費用予以歸納並寫入類目中：是指方案規劃者／團隊將方案所有可能的收入、支出羅列出來後加以歸納，並依上述預算類目定義寫入適當的預算類目中。

4、確認預算中之收入、支出是否平衡：在編列方案的預算時，預期收入總額必須等於或大於支出總額才是合理。透過這個過程也可以幫助我們思考哪些支出可以刪減、可以爭取哪些收入來達到預算的平衡。

表7-1 編列單項預算的範例

經費類目	單價×數量	預算金額	備註
收入		**1,730,000**	
聯勸補助收入		663,000	
政府補助收入		516,600	
服務收入	5,504×100人	550,400	
支出		**1,730,000**	
社工員人事費	30,000×13月×3人	1,170,000	
講師費	1,600×40時	64,000	
外聘督導	1,600×24時	38,400	
語言治療師鐘點費	1,200×60時	72,000	
物理治療師鐘點費	1,200×60時	72,000	
職能治療師鐘點費	1,200×60時	72,000	
印刷費	40×5000本	200,000	
誤餐費	80×30次	2,400	
訪視交通費	200×8日×12月	19,200	每日訪視合計5至30公里補助200元
雜支	1批	20,000	
餘絀		**0**	

二、方案／功能預算 [2]

　　方案／功能預算是指以單項預算為基礎，將所有的支出分配到各項方案活動中，如此能夠得到每項方案活動所可能支出的成本。也就是說，方案／功能預算關心的是各項方案活動的成本。在編列方案／功能預算時，大致可分為下列步驟（詳如圖7-3所示）：

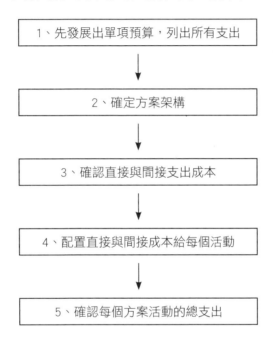

圖7-3 編制方案／功能預算的流程圖

---

2 高迪理譯（2009：257）對方案／功能預算的定義是：「提供服務的機構將所有的支出分配到該機構的各種方案中，如此將能夠得知每一方案的總成本。」在這樣的定義下，編製方案／功能預算的步驟為：(1)先發展出單項預算，列出所有支出類目；(2)確定機構的方案架構；(3)建立成本分配計畫；(4)確認直接與間接成本；(5)針對各方案分配直接成本並將間接成本列入「間接成本總計」；(6)將間接成本分配給各方案，以決定方案的總成本。本書認為以這樣的定義來思考與編列預算，是屬於機構整體營運、管理的範疇，對於編列單一方案的預算而言太過複雜，故擷取方案／功能預算方法的主要精神，予以轉化及簡化成五個步驟，作為讀者除了前述「單項預算法」外，另一種編列單一方案的預算可以使用的工具。

1、先發展出單項預算，列出所有支出：依前述「單項預算法」的原則，發展出方案所有可能發生的費用，並將這些費用歸入適當的類目中。

2、確定方案架構：列出整個方案所須進行的活動，以表7-2為例，該組織所規劃的方案分為「家庭服務」、「生活體驗營」，以及「親職訓練」三項主要的活動。

3、確認直接與間接成本：在確定方案的各項活動後，須再進行一步確認方案的直接成本與間接成本。直接成本是指僅用於某項特定活動的支出項目，以表7-2為例，在這個方案中社工員投入「家庭服務」這項服務內容的薪資其直接成本是100萬元；投入在「生活體驗營」這項活動的場地費其直接成本是12萬元；投入在「親職訓練」這項服務內容的講師費其直接成本是20萬元。直接成本多與方案中特定活動之生產量的費用有直接關係，例如老人送餐服務服務50人，每人餐費為100元，則餐費的直接成本為50（人）×100（元）＝5,000元；因此直接成本又稱為變動成本，表示會依服務所產生的量而改變的成本。間接成本則是指支出項目同時用在兩個以上的活動，或是支持與管理方案的費用，這樣的費用不能直接計入各單一活動的服務成本，所以也常被稱為行政支出或行政費用（overhead costs），例如：主管或行政人員的薪資、辦公室租金、水電、管理費、電話費等，也因這部分的成本不會因服務的數量而改變，所以又稱為固定成本，例如表7-2行政管理欄的費用即是間接成本。

4、配置間接成本至各活動中：先計算出所有的間接支出及其總額，再將間接支出總額分配到不同的活動中，這樣的過程稱為成本配置（cost allocation）。在配置間接成本時，我們可以用「全職人力」（full-time equivalency，簡稱FTE）為計算基礎，以表7-2為例，「行政管理費」下的「社工薪資」有新台幣60萬元，如果是平均支持「家庭服務」、「生活體驗營」以及「親職訓練」三項活動，則可將60萬元分為三等分，即「家庭服務」配置20萬元，

「生活體驗營」配置20萬元，「親職訓練」配置20萬元；或者；
我們也可以以總直接支出（total direct costs）為計算基礎，即計
算每項活動占總直接支出的相對百分比，再將間接支出乘以每項
活動的相對百分比，得出間接支出在每項活動所占的費用數額，
再將每項活動的直接支出加上相對配置的間接支出，即為每項活
動的預算總數。以表7-2為例，「家庭服務」的直接費用為162萬
元，占作業服務費用（即直接成本）292萬元的55.4%；這時我們
將行政管理費（即間接成本）的78萬元乘以55.4%，得出432,120
元，即為「家庭服務」這項活動的間接成本。

表7-2 編列方案／功能與單項預算的範例

| 單項 ＼ 功能or方案 | 合計 | 作業服務費用（直接成本） | | | | 行政管理 |
		家庭服務	生活體驗營	親職訓練	合計	（間接成本）
收入	**370**	**80**	**120**	**70**	**270**	**100**
政府補助	60	40	10	5	55	5
捐贈收入	170	20	80	60	160	10
機構年度預算	120	10	20	5	35	85
服務收入	20	10	10	0	20	0
支出	**370**	**162**	**66**	**64**	**292**	**78**
社工薪資	180	100	8	12	120	60
心理諮商費	80	50	5	20	75	5
講師費	50	2	25	20	47	3
交通費	10	1	5	2	8	2
場地費	20	3	12	3	18	2
印刷費	20	3	8	5	16	4
保險費	5	1	2	1	4	1
雜支	5	2	1	1	4	1
餘絀	**0**	**-82**	**54**	**6**	**-22**	**22**

計算單位：新台幣萬元
註：感謝海棠基金會陸宛蘋執行長提供此範例並製作本表。

5、確認每項活動的總支出：將上述每項活動中的間接成本與直接成本加總，則可以瞭解每項活動的支出費用，如此方便未來計算每項活動的實際成本。例如「家庭服務」這項活動的總支出（含直接成本與間接成本）為1,620,000元＋432,120元＝2,052,120元。

三、預算編列的步驟以及應注意事項

　　無論是採用上述哪一種預算編列的方法，在進行預算編列時，有幾項原則須特別留意，以避免預算編列發生錯誤：

1、預算的內容必須呼應方案活動或服務項目／內容。

2、預算的類目須兼具互斥性與周延性。

3、確定獎／補助單位，詳閱相關規定：若方案計畫欲申請相關單位的補助，應詳閱各補助組織／機關所公布的獎／補助辦法以及補助標準，一方面確認自己的組織是否符合申請資格，二方面須依獎／補助組織／機關的獎／補助標準來編列預算，例如欲申請中華聯合勸募協會的補助，須依該會每年公告《社會福利服務方案補助作業手冊》所列的補助標準來編列預算；如欲申請政府部門社會福利相關業務的經費獎／補助，應參考〈衛生福利部推展社會福利補助作業要點〉及〈衛生福利部○○年度推展社會福利補助經費申請補助項目及基準〉；如欲申請公益彩券盈餘經費，須參考各級政府單位所公告的辦法，例如〈台中市公益彩券盈餘經費申請補助項目及基準〉，或是〈高雄市政府社會局辦理高雄市公益彩券盈餘基金推展社會福利專案補助審核作業要點〉……等的相關規定來編列預算。

4、避免數量及單價的錯估：在編列預算時，應謹慎估算所需的數量，以避免數量上的錯估而膨脹或縮小了預算的額度；同時也要進行訪價，以避免單價上的錯估。

5、單位成本應合理：單位成本是指預算總額與服務產出的比例。單位成本可以以不同的單位來計算：例如以時間做單位，如會談一小時、一天的托育服務；以次數做單位，如一次的轉介服務；以

物資做單位，如一罐奶粉、一斗米；以服務過程做單位，如三個
月一期的職業訓練、三天二夜的單親子女成長營；以服務結果做
單位，如完成一次服務定義的服務。至於單位成本的計算，則是
在確定單位成本的單位後，將預算總經費除以總單位量即是單位
成本，例如未來一年老人日間照顧服務方案將花費100萬元，提供
5,000次的送餐服務，則送餐服務的單位成本為200元／次。

　　若說方案的撰寫是一種藝術，也是一種科學，那麼預算最能代表
方案撰寫的科學成份，因為預算是整個方案用精確的數字所呈現的縮
影。此外，如前所述，方案也是一種溝通的工具，所以方案也會連結
贊助單位與申請單位間的關係，我們認為這個關係應建立在誠信的原
則上。也就是說申請者應提出預算的必要性與合宜性，同時贊助單位
亦應有高度的專業審核預算的素養，如此才有可能產出合理的預算。

跟著本書動動腦：一個編列預算的思考歷程

在此，我們以第四章經修正過的「社區中就讀於國小五年級至國中一年級，缺乏適當照顧資源的弱勢家庭兒童的課後照顧服務方案」為例，來說明如何進行預算的編列。當然，以下所述的內容，是以申請經費補助的組織完全符合各獎／補助單位的資格這樣的前提底下來作舉例。

1. 確認以何種預算編制方式來編列預算：首先，需先確定本方案要以單項預算或方案／功能預算來編列。假設本方案是以單項預算來編列。

2. 臚列所有可能發生的費用：接著需要思考的是，這個方案在第一年執行時會產生哪些費用，包括可能的收入（含可能募款或獲得的補助）與支出，將這些費用先臚列出來。在此，我們假設進行課後照顧的場地已獲得組織附近的國小願意商借教室供本方案使用（亦即不用考慮場地租金的問題）；此外，某贊助型文教基金會已答應支持這個案子，只等組織提案。這個方案在收入部分，可以向中華聯合勸募協會、該贊助型文教基金會、台中市公益彩券盈餘經費申請補助。支出的部分，包括社會工作人員1名、兼任體驗教育教師1名、兼任兒童戲劇導演1名、外聘督導1名；志工10名；課後照顧餐點費；體驗教育相關費用（如裝備、場地租用、計時安全防護員……等）；戲劇教室及公演相關費用（如道具、服裝、燈光、舞台……等）；以及其他可能的雜項支出。

3. 瞭解不同單位可能補助的項目及補助基準：上述這些可能產生的費用，我們須要進一步去思考及搜尋，什麼項目可以向什麼單位提出補助的申請，並且須要瞭解各單位的補助基準。例如體驗教育的相關費用可申請贊助型文教基金會的贊助。中華聯合勸募協會是以「徵求共同有效解決社會問題、滿足社區需求的夥伴」這樣的理念來徵求合作夥伴／組織，所以中華聯合勸募協會很樂意補助可以滿

足社區需求，且有合理預算並能妥善運作的方案；因此，此方案中的戲劇教室與公演的費用可以申請中華聯合勸募協會的補助。而此方案的專業人員（社會工作人員）的費用、外聘督導、志工的交通及誤餐費則可以申請「台中市公益彩券盈餘經費」的補助；依〈台中市公益彩券盈餘經費申請補助項目及基準〉之規定，專業人員人事費的補助基準是 32,000元×13.5月；外聘督導以每人每次2,000元為上限；志工交通費及誤餐費是每人、每月最高3,600元。其他無法尋得補助或贊助的項目，就列為自籌款。

4. 將所有收入與支出化為預算類別／科目：例如人事費包括社工員人事費、外聘督導費用、兼任體驗教育教師人事費、兼任兒童戲劇導演人事費；志工交通費及誤餐費；兒童餐點費；雜費……等。

5. 進行各個項目單位、單價與數量的估算（含詢價）：例如兒童餐費以每人每次80元較合理；體驗教育裝備租費每人以1,000元以內較合理；兒童戲劇燈光舞台約10萬元以內較合理……等。

6. 整理成預算表：預算表建議將補助／贊助的單位以不同欄來區隔之，這樣會更清楚不同的補助／贊助單位其可以補助或贊助的經費項目及數額。

表7-3呈現此方案經上述六個步驟的思考後，所獲得的完整預算表。

表7-3 以某社區課後照顧方案為例的預算表

經費項目		單價×數量	預算金額	本會自籌	申請聯勸補助	申請台中市公彩盈餘	申請基金會贊助
人事費用	社工師人事費	32,000元×13.5月	432,000	0	0	432,000	0
	保險費用（專職人員勞、健保及退休金提撥）	4,000元×12月	48,000	48,000	0	0	0
	外聘督導費用	2,000元× 6次	12,000	0	0	12,000	0
志工誤餐及交通費		3,600元×8月×10人	288,000	0	0	288,000	0
兒童餐點費		80元×@週5天× 44週×20人	352,000	272,000	80,000	0	0
體驗教育	體驗教育講師鐘點費	1,600元×@週6時×16週	153,600	0	0	0	153,600
	體驗教育裝備租借費	1,000元×2次×20人	40,000	0	0	0	40,000
	體驗教育場地租借費	2,000元×2次	4,000	0	0	0	4,000
	安全防護員費	2,000元×4人×2次	16,000	0	0	0	16,000
戲劇教室及公演	戲劇教室導演鐘點費	1,600元×@週6時×16週	153,600	0	153,600	0	0
	服裝、道具費	一式	100,000	0	100,000	0	0
	公演舞台	一式	100,000	0	100,000	0	0
雜項支出		一式	20,800	20,800	0	0	0
總　　計			1,720,000	340,800	433,600	732,000	213,600

本章學習／操作重點 之2

一、請確認您（或方案規劃團隊）所規劃的方案
　　要運用單項預算或是方案／功能預算來編列
　　預算。

二、請將方案所有可能發生的費用詳細列出。

三、依據本章單項預算或是方案／功能預算所述
　　的原則來編列預算，並製作成預算表。

8

規劃與執行成效評量 ::::

　　從第二章至第七章我們逐步瞭解方案規劃所須注意的事項，也一步、一步地將方案的主體結構規劃出來。但誠如我們在第一章所提到的，當前社會服務組織是處於責信的時代，我們經常被要求在方案執行的過程中以及方案執行後，檢視服務對象是否因為我們所提供的服務而產生改變、以及產生哪些改變。而為了瞭解服務對象是否有因我們所提供的服務而產生改變、以及產生哪些改變，我們必須進行「方案評估」。但是，方案評估並非在方案進行完畢後才開始進行，因為有許多方案評估所需的資料，必須在方案執行過程中逐步地蒐集與整理；所以我們應該在進行方案規劃時，便一併思考如何進行方案評估，以便在方案執行過程中蒐集相關資訊，如此才能具體呈現與證實方案的成效。

　　Dickinson（2008）在《健康與社會照顧的成效評量》（*Evaluating Outcomes in Health and Social Care*）一書中，將方案評估分為下列幾種取向：可行性評估（feasibility evaluation）、過程評估（process evaluation）、成效或影響評估（outcome or impact evaluation）、總結性評估（summative evaluation）、形成性評估（formative evaluation）、執行評估（implementation evaluation）、經濟性評估（economic evaluation），以及多途徑評估（pluralistic evaluation），並說明每個取向的適用時機與評估的重點（如表8-1所示）。Dickinson的分類明確指出不同評估取向的不同焦點，例如「成效或影響評估」是著重在方案實施後，評估服務對象因接受方案而產生的改變，以及方案對目標人口群、社區、社會所產生的影響。

表8-1　不同類型的評估取向其評估時間與評估重點一覽表

評估的類型	評估時間	評估重點
可行性評估	方案執行前	是指在方案執行前，評估方案可能產生的效應，其重點在指出方案實施後所可能產生的結果與成本，以供決策參考。
過程評估	過程	評估的重點在指出方案執行期間所經歷的過程，讓組織內部與外部的重要關係人瞭解方案如何運作。
成效或影響評估	方案執行後	是指評估服務對象因接受方案而產生哪些層面的改變；以及方案實施後，對目標人口群、社區、社會產生什麼影響。
總結性評估	方案結束後	評估結果是協助決策者決定是否繼續執行某方案或政策的參考依據，所以其重點會聚焦在方案的產出與成效上，並分析方案或政策的效益與成本。
形成性評估	過程	評估的重點在於將方案的產出、成效、效益等資訊提供給對改善方案具有影響力的人（包括決策層次與實務執行層次）。
執行評估	結束	針對方案實際執行的程度與方案預期的理想進行比較。
經濟性評估	結束	是指聚焦於方案或政策的效益，著重於分析投入方案的成本與其產出之間的關係。這個評估取向不僅重視金錢層次，也從社會的角度瞭解方案的機會成本。
多途徑評估	過程與結果	為了突破只從贊助者的角度看待評估，這個評估取向也從服務使用者的角度與觀點來檢視、發展何謂方案成功的指標。

資料來源：Dickinson（2008: 4-5），陳文良製表整理。

此外，Dickinson（2008）還將「成效」分為：「服務流程成效」（service process outcomes），是指服務提供的方式，包括服務對象是否被機構以符合人道的方式對待，其隱私權與保密性是否被重視，或是否被尊重／有禮貌地對待……等；「改變的成效」（change outcomes），是指服務對象在生理、心理與情緒功能等方面的改善情形（例如各種憂鬱、焦慮、關係受損的情形是否改善，被剝奪的社會參與是否有所提升，或是心理功能、自信心或士氣是否有改善……等）；以及「維持的成效」（maintenance outcomes），是指服務對象的健康狀況、生活環境及／或生活品質惡化的延緩或預防，有否透過社會工作服務來達成。如果對照到本書第一章所述，本書在此所運用的評估方法及進行評估的重點，是Dickinson所謂「成效或影響評估」中「改變的成效」及「維持的成效」。

　　事實上，如何在方案執行後找出Dickinson所稱「改變的成效」及「維持的成效」，就是所謂的「成效評量」（outcome measurement）。依United Way of American（1996）的定義，所謂方案的成效評量是指透過一系列的過程，來瞭解及呈現服務對象是否有因為方案所提供的服務或處遇而產生知識、行為、態度、狀態（包括處境與地位）等層面的改變。成效評量可分為四個步驟（詳如圖8-1所示），包括：(1)發展成效評量的邏輯模式；(2)針對每個成效發展可觀察與可測量的指標；(3)針對各指標構思如何蒐集相關資料；(4)進行資料分析並撰寫成效評量報告，並找出方案須改進的部分，以作為日後的參考。

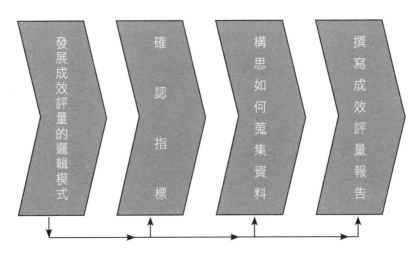

圖8-1　規劃與執行成效評量的程序

　　本章針對這四個階段的具體內容及所須注意的事項進行討論，以協助讀者一步、一步地發展出方案的成效評量計畫。

壹　發展成效評量的邏輯模式

　　方案執行的成果包括方案的產出（output）與成效（outcome），兩者皆由方案所投入的資源以及方案的活動推演而來。因此，在思考方案的產出與成效時，應與第六章方案所投入的資源，以及第七章方案的活動或服務內容相呼應。此外，細心的讀者應該也會發現，這裡的成效其實也可以對照到第五章的「目標」，即方案的短、中、長期目標，其實就是短、中、長期成效的基礎。發展成效評量的邏輯模式這個步驟必須考量以下事項：

一、確認方案的產出

　　方案的產出是指方案活動所產生的直接結果。我們可以這麼說，方案產出的重點在於呈現及描述「我們這個方案做了什麼？」所以重點會放我們在服務過程中提供了哪些服務，並以適當的單位呈現出來。以前述「社區中就讀於國小五年級至國中一年級，缺乏適當照顧資源的弱勢家庭兒童課後照顧服務方案」為例，我們的方案產出至少應呈現出：多少位孩童接受這項服務；總服務時數；每位孩童接受服務的時數；提供多少時數的課後陪讀（可再針對課後陪讀的內容進行細分，如國文、英文、數學、自然……等的時數）、體驗教育、戲劇教室；家庭訪視的次數與時數……等。當然，方案的產出並非憑空想像，其測量的單位與所產出的數量，必須根基於所投入的資源，以及所從事的活動或服務內容。

　　圖8-2簡要地說明方案所投入的資源、活動、產出與成效這四個元素的意義，以及其關係。

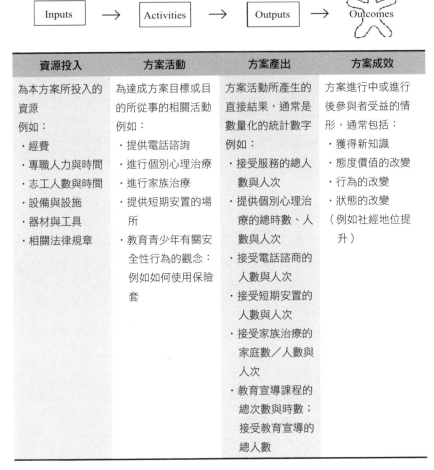

Program Outcome Model

| Inputs | → | Activities | → | Outputs | → | Outcomes |

資源投入	方案活動	方案產出	方案成效
為本方案所投入的資源 例如： ・經費 ・專職人力與時間 ・志工人數與時間 ・設備與設施 ・器材與工具 ・相關法律規章	為達成方案目標或目的所從事的相關活動 例如： ・提供電話諮詢 ・進行個別心理治療 ・進行家族治療 ・提供短期安置的場所 ・教育青少年有關安全性行為的觀念：例如如何使用保險套	方案活動所產生的直接結果，通常是數量化的統計數字 例如： ・接受服務的總人數與人次 ・提供個別心理治療的總時數、人數與人次 ・接受電話諮商的人數與人次 ・接受短期安置的人數與人次 ・接受家族治療的家庭數／人數與人次 ・教育宣導課程的總次數與時數；接受教育宣導的總人數	方案進行中或進行後參與者受益的情形，通常包括： ・獲得新知識 ・態度價值的改變 ・行為的改變 ・狀態的改變 （例如社經地位提升）

圖8-2 成效評量的邏輯模圖

資料來源：修改自中華聯合勸募協會編譯（2004：I-10）。

在此要特別提醒的是，在確認方案所要呈現的產出後，方案規劃者／團隊就應該要開始規劃蒐集資訊的系統，包括表單、電腦資訊系統（電腦軟體或程式），以及報表（例如月報表、季報表），以方便在方案執行過程中隨時登錄，並在方案執行結束後，將這些資訊轉換為方案的產出。

二、選擇方案的成效

與產出不同的是，「成效」的重點在於呈現及描述「服務對象產生了哪些改變？」所以其重點在於，呈現隨著方案的進行，服務對象在知識、行為、態度、狀態等面向上產生什麼樣的改變。當然，服務對象會因我們的服務在這些面向上產生諸多的改變，所以我們必須從眾多的改變中，選出最重要、最具代表性的改變。本書提供【小幫手8A】及【小幫手8B】供讀者使用，協助讀者找出方案最重要、最具代表性的成效。這兩個工具較適合初學者使用，如果您對於自己方案的成效已有清楚的掌握，可以跳過此工具，直接進入下個步驟畫出成效的邏輯模式。

首先，在思考方案的成效時，我們可以仔細地想想，隨著方案時間的往前推演，我們希望服務對象在知識、行為、態度、狀態等面向上產生什麼樣的改變。從服務對象隨著時間的往前推演來思考其所產生的改變，我們將其稱之為短期、中期、長期的成效。Buchholtz, Freiwirth and Sussman認為，短期成效是服務對象參與方案後最先達成的結果，通常是知識或技能的改變；中期成效通常是服務對象因初期在技能或知識的改變所造成在行為上的變化；長期成效則是方案企圖達成的最終效益，也是方案所欲達成的最終目標，其代表服務對象因方案的服務而產生有意義的改變（中華聯合勸募協會編譯，2004：I-13）。

您（或方案規劃團隊）可以透過討論，將服務對象在知識、行為、態度、狀態這四個面向的改變，依其是屬於短期、中期，還是長期的改變，填入【小幫手8A】這個4×3的交叉表中。以前述課後照顧的方案為例，我們認為這個方案首先是希望孩子可以透過課後照顧中陪讀這項服務，每天完成老師所指定的家庭作業；所以在行為、短期成效這個交叉格中，我們會填入「按時完成家庭作業」這個成效。此外，我們也希望孩子在經過這個方案的陪伴後，課業成績可以進步，所以在狀態、中期成效這個交叉格中，我們會填入「學校課業成績進步」這個成效；在狀態、長期成效這個交叉格中我們會填入「自

信心提升」這個成效。當然，不見得每一個空格都會出現成效，例如上述知識或技能面向的改變通常會出現在短期成效；行為與態度面向的改變經常會出現在中期成效；而狀態這個面向的改變則是方案最終所希望達成的效益，故經常出現於長期成效。

♥ 小幫手 8A　思考方案成效的交叉表

層面 成效	知識	行為	態度	狀態
短期成效				
中期成效				
長期成效				

在填寫完上述的交叉表後，您（或方案規劃團隊）可能會發現，整個方案會出現許多的成效。您也許會問，上述表格中每個成效都要進行評量嗎？答案是 "No！" 因為每個成效都要再進一步訂出指標，每個指標也會有不同蒐集資料的方法及工具，在有限的資源、時間下，不可能針對所有的成效都進行評量，所以必須選出幾個最能反映方案核心信念的成效，再針對這幾個被選擇出來的成效，思考每個成效的指標以及蒐集資料的方法與工具。但怎麼樣才能選出反映方案核心信念的成效？Buchholtz, Freiwirth and Sussman認為可以針對成效對於方案的意義性、責信性，以及成效的可測性、可行性四個面向來進行評分（詳如【小幫手8B】），以評分結果來作為選擇成效選擇的依據（中華聯合勸募協會編譯，2004）。

在這個選擇成效的工具中，意義性是指從組織及方案規劃者與執行者的角度來看，此成效能具體展現方案核心觀點的程度，例如對於前述博幼基金會〈關懷原鄉，弭平落差：南投縣信義鄉原住民學童課輔計畫〉這個方案而言，「彌補偏遠地區兒童的學習落差」這個成效是具有很大意義的，所以這個成效在意義性這個面向的評分可以給予

滿分。責信性是指從組織外的人，特別是方案的利害關係人
（stakeholders）（如贊助者、支持者……等）的角度而言，看到此成
效是否會認為這是一個很重要的成效，例如對於前述吉祥臻基金會
〈點亮另一盞燈：吉祥臻夜間臨時托育服務計畫〉這個方案而言，
「兒童的學業成績進步」以及「兒童是可以獲得妥善的夜間照顧」這
兩個成效會被方案的利害關係人認為是重要的，所以這兩個成效在責
信性這個面向的評分可以給予滿分。可測性是指此成效能被測量的程
度，例如在〈關懷原鄉，弭平落差：南投縣信義鄉原住民學童課輔計
畫〉這個方案中，「數學成績有進步」這個成效可以透過比對兒童在
接受數學課業輔導前、後的學業成績來獲得，所以這個成效在可測性
這個面向的評分可以給予滿分。可行性是指評量此成效所需的時間、
資源與可達成的程度，例如在〈點亮另一盞燈：吉祥臻夜間臨時托育
服務計畫〉這個方案中，「兒童按時完成家庭作業的程度」這個成
效，可以透過課輔老師的隨堂登錄即可得知，所以這個成效在可行性
這個面向的評分可以給予滿分。在填寫完成後，將每個成效的分數加
總填入小計這個欄位中，將分數較高的幾項成效圈選出來，即可成為
您方案的成效。當然，在計分時可依據組織或您（方案規劃團隊）的
想法或要求，將某個或某幾個面向作加權計分，以突顯這些面向在這
個方案的重要性。

♥ 小幫手 8B　選擇成效的評分表

成　效	意義性	責　信	可測性	可行性	小計
列出【小幫手 8A】的成效	此成效能具體展現方案核心意義或信念的程度	方案的利害關係人認為此成效重要的程度	此成效可以被測量的程度	評估此成效所需的時間、資源與可達成的程度	小計

註：每個面向可從1至5分、1至10或1至100分評分，分數愈高代表強度愈強。

資料來源：中華聯合勸募協會編譯（2004：II-16）。

三、畫出成效評量的邏輯模式圖

　　在完成第二個步驟後，我們可以將上述方案所投入的資源、方案的活動、方案的產出，以及方案的短、中、長期成效連結成一個彼此有連結關係的邏輯模式圖。畫出這個邏輯模式圖最主要的目的，是希望有系統地透過視覺的方式來檢視方案的資源投入、活動、產出與成效之間的關聯性；透過填寫圖中每一個方格的內容，以及繪出這些方格間之關連性的路徑，可以讓我們逐步推演出所投入的資源與所從事的活動／服務內容，可以對服務對象產生哪些重要的改變，以及這些改變間彼此的邏輯性；同時，透過這樣的圖像，也可以讓我們清楚地瞭解這個方案的核心理念及骨幹。Buchholtz, Freiwirth and Sussman曾

以「○○地區未成年懷孕少女親職教育服務」這個方案為例，畫出其成效評量邏輯模式圖（如圖8-3所示）；從這樣的邏輯模式圖中，可以讓方案的利害關係人（包括完全不瞭解這個方案的內容者）對於這個方案有清晰的輪廓與理解。讀者可以參考圖8-3，畫出您自己的「成效評量邏輯模式圖」。

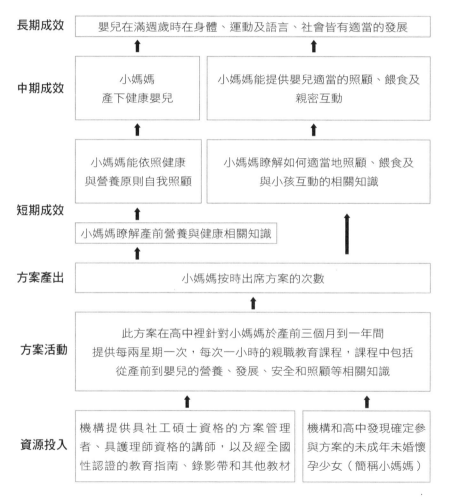

圖8-3　方案成效評量的邏輯模式圖範例
資料來源：中華聯合勸募協會編譯（2004：I-14）。

四、再次檢視所界定的產出與所選擇的成效

在完成方案成效評量的邏輯模式後，應再次檢視所選擇出來的產出與成效是否符合下述原則：(1)產出與成效應根基於方案活動：亦即產出必須要能呈現及反應方案活動或服務內容的具體數據。(2)成效必須確認是否因方案的活動或服務內容而促使服務對象產生知識、行為、態度及狀態上的改變。(3)這些產出與成效要能有效地傳達方案的效益。(4)產出與成效（即短期、中期、長期成效的排序）必須合理、合乎邏輯。(5)產出與成效要能反映方案的核心信念。若符合這些原則，則可進入下個步驟——針對每個成效定出指標。

本章學習／操作重點 之1

一、請您（或方案規劃團隊）思考及討論方案的產出。

二、請您（或方案規劃團隊）運用【小幫手8A】與【小幫手8B】來思考與選擇方案的成效。

三、以圖8-3為例畫出您自己的「成效評量邏輯模式圖」。

 貳　確認成效指標

在確認方案的邏輯模式後，緊接著是針對所選擇出來的成效分別訂定其指標。指標是指可觀察、可測量、具體且明確的陳述，透過這樣的陳述將較為抽象的成效轉化為明確、特定、可觀察或測量的事項。好的指標其判斷的標準包括：

一、必須是可觀察與可測量，即指標必須具有可測性；

二、必須要能描述成效發生時的情況，即指標必須具有意義性；

三、必須使不同的人看到其陳述時，都有相同／似的理解。

例如某個方案的其中一個成效是「服務對象能穩定就業」，但我們要如何才能確認服務對象是否有「穩定就業」呢？我們可以將「穩定就業」界定為「持續被同一家公司僱用達6個月（含）以上」；若這樣的陳述可以清楚、明確、又精準地觀察或測量到一個人是否「穩定就業」、不同的人對於這樣的陳述都有相似的理解，且又能具體描述出「穩定就業」發生時的狀況，那麼「持續被同一家公司僱用達6個月（含）以上」對「穩定就業」這個成效而言，就是一個好的指標。又例如在前一節「未成年懷孕少女親職教育服務」的方案中，針對「懷孕少女瞭解產前營養與健康相關知識」、「懷孕少女能依照健康與營養原則自我照顧」，以及「懷孕少女產下健康嬰兒」這三個成效所界定出來的指標如表8-1所示（引自中華聯合勸募協會編譯，2004：I-13）。

表8-2 「未成年懷孕少女親職教育服務方案」的成效與其相對的指標

成效類型	成　　效	指　　標
知識	瞭解產前營養與健康相關知識	○○%接受此方案服務的懷孕少女可以辨別五種以上的營養食物
行為	依照健康與營養原則自我照顧	○○%接受此方案服務的懷孕少女做到： 1. 不抽菸 2. 每天服用產前維他命 3. 每天至少吃四份鈣片
改善情況	產下健康嬰兒	○○%接受此方案服務的未成年少女其新生兒體重達2,500至3,200公克，且「新生兒器質量表」達7分以上

資料來源：中華聯合勸募協會編譯（2004：I-13）。

　　以下的實務案例是美國馬里蘭州Montgomery郡健康與人群服務部、聯合募勸募，以及Rockville 與 Gaithersburg 兩個城市的Urban Institute 所共同組成的Montgomery郡組織性發展團體（Montgomery County Organizational Development Group, 簡稱MODG），於2002年召集該郡提供遊民服務方案的非營利組織，所共同訂出遊民服務的成效及指標（The Urban Institute, 2003b），讀者可參考他們針對不同的服務所選擇的成效及其相對應的指標。由此案例我們可以明顯地看到，這些指標很清楚地呈現出成效發生時的情況、具有可測性，同時也可以讓不同的人到這些陳述時都可以有相同／似的理解。簡言之，我們必須透過所界定的指標，更清楚地瞭解成效如何被明確、具體地觀察、測量與呈現，以證實成效是否發生，以及發生時的樣態與程度。

實務案例8-1

方案的成效與其相對應指標之範例（一）

在「緊急庇護／安置中心」（emergency shelters）的服務方面，其成效與指標分別為：

	成　　效	指　　標
短期成效	服務對象接受緊急安置	接受安置的遊民數
中期成效	服務對象開始接受必要的服務	每晚供應遊民住宿的床數
		30天安置期滿前，同意接受復健／處遇／服務的人數與百分比
長期成效	服務對象遷移到更穩定的住所	在啟動個案管理系統的30天內，使用支持性服務的人數與百分比
		遷移到中途之家、長期安置處所，或是朋友／親友家中的人數與百分比

在「中途之家」（transitional shelters）的服務方面，其成效與指標分別為：

	成　　效	指　　標
短期成效	為服務對象發展處遇／復元／服務計畫並執行之	在進入服務方案的30天內，與個案管理師／諮商師面談，並發展出服務計畫的人數與百分比
		在30天內同意處遇／復元／服務計畫，並投入與處遇／復元／服務計畫有關的日間活動之人數與百分比
中期成效	經診斷有物質濫用或精神疾病的服務對象能夠接受處遇	在進入服務方案的90天內，經診斷有物質濫用或精神疾病的服務對象，開始接受專業處遇的人數與百分比
長期成效	服務對象的收入增加	比起剛進入安置處所時，服務對象因服務方案而收入增加的人數與百分比

資料來源：The Urban Institute (2003b)。

在此要特別提醒在訂定指標時，除了要符合上述好的指標的三個判斷標準外，還要注意指標應與方案的目的相符；此外，若以達成率作為指標的測量基準（例如「提升○○%乳癌患者的就醫率」，或是前述「○○%接受此方案服務的懷孕少女可以做到不抽菸」這樣的指標），其百分比的訂定要符合方案的實際情況。您（或方案規劃團隊）可以參考相關文獻、服務對象的特質，或是方案執行的困難度……等因素，來訂出較合理的達成率，而非僅追求數字的好看。【小幫手8C】提供讀者一個進行成效與指標邏輯思考的輔助工具。

❤ 小幫手 8C　成效與指標邏輯思考輔助表

成　　效	指　　標

資料來源：中華聯合勸募協會編譯（2004：III-5）。

本章學習／操作重點 之2

一、請以【實務案例8-1】為例，運用【小幫手
　　8C】來思考您（或方案規劃團隊）所選擇出
　　的成效其所對應的指標。

二、請您（或方案規劃團隊）透過各種可能的方
　　法（例如請教有經驗者、學者專家……
　　等），確認所訂出來的指標是否符合上述
　　「好的指標」的判準。

三、將您（們）所確認的結果，分別填入【工作
　　表單三】中的第二欄「服務成效」，以及第
　　三欄「成效指標」中。

參　構思如何蒐集所需資料

　　在確認指標後，接下來須要思考的是，針對每個指標要蒐集什麼
資料、用什麼方法來蒐集資料，以什麼工具來蒐集資料，由誰、在何
時、何處蒐集資料，以及如何分析資料，以證實每個指標是否被達
成。這個步驟除了確認在方案執行過程中如何分工以蒐集所需的資
料，更重要的是方案規劃者／團隊可以在方案開始執行前，便發展各
種蒐集資料的工具，例如自行設計表單、開發電腦資訊軟體、發展量
表，或是購買標準化的測量工具……等，以便一邊執行方案、一邊蒐
集相關資料，未來才有可能針對所蒐集到的資料進行分析，以呈現或
證實方案的成效。以下針對蒐集資料的方法；蒐集資料的工具；以及
由誰負責、在何時、何處蒐集資料這三個面向來進行說明與討論。

一、蒐集資料的方法

一般而言，我們可以將所欲蒐集的資料分為量化資料與質化資料。在方案成效評量中較常被用為蒐集量化資料的方法有調查研究法（例如設計問卷或量表，並以面對訪談或郵寄問卷的方式進行施測）、結構式的觀察、內容分析法……等；而較常被用為蒐集質化資料的方法則有深度訪談法、焦點團體法，以及檔案（包含個案記錄……等）資料分析法。這些方法都有其在社會科學方法論上的知識基礎，以及在操作程序上的技巧，讀者可以參閱社會科學或社會工作研究方法的教科書或相關書籍，來獲得相關的知識以及熟悉其操作的程序與技巧。

二、蒐集資料的工具

不同資料蒐集的方法會使用不同的工具，方案規劃者／團隊在充份瞭解各個指標的內涵後，須選擇適當的工具來蒐集資料。表8-3提供一個綱要式的摘要，說明常用的資料蒐集方法、每種資料蒐集方法所可能選擇的工具，以及每種資料蒐集方法須注意的事項……等，供讀者參考。

表8-3 各種資料蒐集方法、蒐集資料的工具以及注意事項一覽表

資料 屬性	蒐集資料 的方法	蒐集資料 的工具	注意事項
量 化 資 料	調查研究 法或實驗 研究法	自行設計 的問卷或 量表	1. 若採調查研究法，須先界定母全體；然後決定樣本大小與抽樣方法；接著須選擇適當的調查研究方法，常用的調查研究方法有面訪、郵寄問卷調查、電話調查、網路問卷調查法。 2. 若採實驗研究法須先決定實驗研究的類型。例如採真實驗研究設計，或準實驗研究設計；不同的實驗設計對於是否區分實驗組與控制組，是否進行隨機分組，以及想觀察什麼內容都不同。 3. 考慮問卷的回收率、成本、答題品質……等。 4. 問卷或量表的題目應根基於成效與指標的內容。 6. 問卷或量表的題目設計有特定的技巧與注意事項。 7. 以上所述的相關細節，請參考社會科學研究方法教科書。
	調查研究 法或實驗 研究法	購買現成 的標準化 測驗或量 表	1. 建議選擇具備良好信、效度的標準化測驗或量表。 2. 具良好信、效度的標準化測驗或量表，很適合進行前、後測的檢驗，但要考慮樣本的大小。一般而言，有效樣本需30位以上，進行前、後測檢驗才有意義。 3. 選擇能針對成效或指標提供所需資訊的測驗或量表。 4. 使用時必須深刻瞭解施測與計分方式。 5. 服務使用者必須有能力填答。

量化資料	結構式觀察法	結構化的觀察表	1. 須先決定觀察的時間／頻率。 2. 明確界定觀察記錄與資料過錄（coding）的方法。 3. 考慮觀察的信度與效度。
	量化的內容分析法	內容分析類目表	1. 類目的建構必須具備互斥性（指每個分析單位只能歸併到一個類目）、窮盡性（指每個分析單位都有可歸併的類目），與可靠性（指不同的資料登錄者在登錄資料時都能有最大的一致性）三個原則。 2. 所建構的類目必須具備功能性（即所建構類目必須能真正探測到成效與指標的內容），與可操作性（即讓不同的資料登錄者針對分析單位可以進行歸類及登錄）。 3. 須針對登錄結果進行進一步的討論與詮釋。
質化資料	質化的檔案分析法	分析者本人	1. 釐清所要分析的內容。 2. 資料的呈現須考量保密原則。 3. 檔案或記錄的內容可能服膺於某些特定的目的，而非為成效評量而準備；因此，在進行資料分析時，應瞭解製作檔案或記錄背後的目的，避免去脈絡化地進行資料分析，或將檔案／紀錄當成唯一或最重要的資料來源。 4. 要能針對檔案文件容所呈現的意義進行豐厚的描述與解釋。

質化資料	參與式觀察法	觀察者本人	1. 先釐清觀察者的角色（例如是完全參與者、參與者一如觀察者、觀察者一如參與者，或是完全觀察者）。 2. 確認觀察的面向與內容。 3. 是否要表露身分，以及表露的時機。 4. 資料的呈現須考量保密原則。 5. 針對觀察結果應避免只記錄「發生了什麼事」，而是盡可能地針對觀察結果所呈現的意義進行豐厚的描述與解釋。
	深度訪談法	訪談者本人、訪談大綱	1. 與訪談對象形成夥伴關係。 2. 避免使用可能引起受訪者負面感受的用詞。 3. 訪談時要考慮提問的順序，溫和、沒威脅性的問題先問；敏感、隱私及複雜的問題後問。 4. 訪談後應將訪談內容謄寫成逐字稿，以利後續分析。分析時應避免只針對受訪者的談話內容進行分類，或只呈現受訪者的談話內容，而是盡可能地針對訪談內容所呈現的意義，進行豐厚的描述與解釋。 5. 資料的呈現須考量保密原則。
	焦點團體法	帶領者（Leader）本人	1. 獲得資料的品質取決於帶領者帶領團體的技巧。 2. 成員的選擇須多元且具代表性。 3. 每次團體後應將訪談內容謄寫成逐字稿，以利後續分析。分析時應避免只針對參與者的談話內容進行分類，或只呈現參與者的談話內容，而是盡可能地針對訪談內容所呈現的意義，進行豐厚的描述與解釋。 4. 資料的呈現須考量保密原則。

資料來源：作者製表整理。

三、由誰、在何時、何處蒐集資料

除了思考資料蒐集的方法與工具外，方案規劃者／團隊也要思考由誰、在何時、何處蒐集資料，以利在方案執行過程中透過分工來蒐集所需資訊。【小幫手8D】提供讀者思考如何蒐集資料的一個參考使用工具。

♥ 小幫手 8D　成效與指標資料蒐集思考輔助表

成效：

指標	HOW (方法和工具)	WHO	WHEN	WHERE
		程序（Procedures）		
		誰負責提供資料？誰負責蒐集資料？	在方案的哪個時間點蒐集資料？蒐集資料的頻率、次數為何？	在什麼地方蒐集資料？

資料來源：中華聯合勸募協會編譯（2004：II-17）。

以下【實務案例8-2】是台灣晨曦會苗栗戒毒輔導村針對男性毒癮者所提供的「福音戒毒」服務，針對這項服務所規劃的成效評量。該會在提供「福音戒毒」這項服務時，針對每位入住戒毒村的服務對象提供三個階段的服務：(1)生理戒斷期：服務對象入住戒毒村時須先住進新人房，有專人陪伴度過「生理戒斷」期，時間約一週左右。(2)生活輔導期：生理戒斷後，開始與團體一起生活，依戒毒村規定每日規律作息，包括每天靈修及讀聖經課程，使服務對象「學習信仰，重建人生觀及價值觀」，為期約一年半，直到滿期出戒毒村為止。(3)追蹤輔導期：出村後進行三年的「追蹤輔導」，瞭解服務對象是否不再吸毒（台灣晨曦會苗栗戒毒輔導村，2009）。該會於2009年4月起導入方案成效評量模式，針對戒毒村服務的不同階段，訂出成效、指標，以及每個指標蒐集資料的方法：

實務案例8-2

方案的成效、指標與蒐集資料之範例（一）

成　效		指　標	蒐集資料的工具
第一階段 （0至3個月）	服務對象身體康復	身體戒斷日	身體紀錄表
		體重增加	
		三餐正常	個人用餐評估表
		睡眠改善	睡眠自評表
		注重個人衛生	個人衛生評估表
	適應規律的團體生活	作息正常	每日作息表
		參與工作的態度	
第二階段 （4至6個月）	按時抄寫聖經	準時繳交所抄寫的聖經達88%以上	
	信仰建立	信仰建立量表達15分以上	信仰建立量表
	行為態度改變	行為態度量表達15分以上	行為態度量表
第三階段 （7至12個月）	信主	決志信主或接受洗禮	信主與用錢記錄表
	信仰實踐	信仰實踐量表達17分以上	信仰實踐量表
	人際關係改善	人際關係量表達15分以上	人際關係量表
	善用金錢	入住滿12個月時，可以自我管理一個月的零用金	信主與用錢記錄表
第四階段 （13至18個月）	信仰成長	信仰成長量表達20分以上	信仰成長量表
	參與服事	參與服事量表達14分以上	參與服事量表
	規律生活	100%的工作出席率	每日作息表
	工作態度良好	工作態度量表達23分以上	
	行為態度良好	行為態度量表達20分以上	行為態度量表
	人際關係良好	人際關係量表達20分以上	人際關係量表
	金錢管理良好	入住滿18個月時，可以自我管理三個月的零用金	信主與用錢記錄表

資料來源：整理自台灣晨曦會苗栗戒毒輔導村（2009）。

　　【實務案例8-3】則是勵馨基金會台中服務中心於2007年針對接受該中心所提供的「未成年懷孕非安置處遇服務」所規劃的成效評量。該會針對尋求服務（主要來自少女自行求助、親友求助、政府轉介、民間機構轉介、學校轉介、街訪、基金會內部不同部門轉介，或其他等管道）並完成開案程序的未成年懷孕少女，提供陪伴、支持、定期諮商，以及相關資源協助等服務（馬梅芬等，2007）。該會針對此項服務所訂出的成效、指標與蒐集資料的方法如下：

實務案例8-3

方案的成效、指標與蒐集資料之範例（二）

成　　效	指　　標	蒐集資料的工具
協助當事人穩定情緒	當事人負向情緒減少	個案記錄
	當事人抱怨減少	個案記錄
	貝克憂鬱量表測得的憂鬱程度降低	貝克憂鬱量表第二版
	當事人有勇氣走下一步	個案記錄
	當事人來電與社工員討論問題的次數增加	個案記錄
提升當事人處理未婚懷孕問題的能力	當事人瞭解自身的問題且能具體陳述	個案記錄
	可以排列出最需迫切解決的前三項問題之先後順序	問題類型清單（自行設計供當事人填寫）
善用並建立自己的非正式支持系統	運用非正式資源的次數增加	當事人使用資源記錄表（自行設計供當事人填寫）
	運用正式資源的次數減少	

資料來源：馬梅芬等（2007）。

　　從以上兩則實務案例我們可以發現，在蒐集成效評量所需的資料時，並不一定要侷限是量化資料或質化資料，其思考的重點應放在我們所選擇的成效，以及每個成效所對應的指標，是需要透過量化資料或質化資料來證實與呈現。

本章學習／操作重點 之3

一、請您（或方案規劃團隊）以【實務案例 8-2】、【實務案例8-3】為例，運用【小幫手8D】來思考您所訂定的每個成效與指標如何蒐集資料？由誰、在何時、何處蒐集資料？

二、將您（或方案規劃團隊）所確認的結果，分別填入【工作表單三】中的第三欄「蒐集資訊的計畫」中。

肆　撰寫成效評量報告：以「社會工作研究方法教學成效評量報告」為例

　　以上三個步驟是在方案規劃階段必須完成的工作。而在方案執行過程中，便應針對成效評量中所規劃的各項成效與指標進行資料蒐集，並在方案執行告一段落後進行資料分析，並撰寫成效評量報告。撰寫成效評量報告的目的，除了向方案的所有利害關係人（如方案團隊成員、服務對象、組織決策／管理階層、贊助者、支持者、社會大眾……等）進行責信──即清楚呈現我們的方案做了什麼、為什麼這麼做，以及獲得什麼成果之外，也可以透過成效評量的結果，來瞭解方案達到了哪些預期的成效，哪些沒有達到，以檢討及分析方案內容

應該做什麼調整、改善，讓方案更貼近服務對象。

在此作者以自己曾撰寫的〈社會工作研究方法教學成效評量報告〉（這份報告的完整內容可點選此 QR Code的「成效評量報告示例」下載之），來說明作者是如何思考成效評量這件事，以及撰寫成效評量報告所涵蓋的面向與內容。在此先簡要說明這門課是如何設計，以及上課的內容。「社會工作研究法」這門課，是東海大學社會工作學系大三的必修課，上、下學期各3學分，總計6學分。作者在設計這門課時，對課程的基本想像是「社會科學研究方法是一套幫助人更瞭解生活世界的方法，學習這套方法可以幫助我們具備對社會／社會工作的相關現象與議題進行探索、描述與解釋的洞察力」，所要帶給同學的是知識與實作兩者兼具。知識是指讓同學獲得社會科學研究方法的基礎概念與知識；實作則是指在上述這些概念與知識的引導下，可以經由實地的演練瞭解如何執行及操作一份社會科學研究。作者在教授這門課時，便以這樣的理念來進行課程設計與評估。

在「讓同學獲得社會科學研究方法的基礎概念與知識」這個部分，作者將這門課分為4大授課主題——社會科學研究方法概論、量化研究方法概論、其他常用的量化方法、質化研究方法概論，這四大主題又再細分為17個授課單元，每個授課單元作者皆自行編寫上課講義（當然也指定教科書要求同學閱讀），並依進度授課。講義內容以淺顯易懂、生活化的例子，或是以圖／表的方式，來說明社會科學研究方法的知識基礎與重要概念，讓同學覺得學習研究法是件有趣的事；此外，在講義內容中也會放入如何思考問題的方式與步驟，讓學生發現原來可以這樣去思考問題。同時，也在講義中給予同學適當的引導，例如在「如何進行量化研究資料分析」這個單元，就用貼圖的方式，教導學生如何一步、一步地操作SPSS這套統計軟體；在「如何進行質化研究紮根理論資料分析」這個單元，則放上詳細的分析範例，讓同學瞭解如何進行紮根理論的資料分析。

在「經由實地的演練瞭解如何執行及操作一份社會科學研究」這

個部分，作者設計了10次作業，其中作業1至7是對應「量化研究方法」所設計的作業，採分組方式進行（3至5人為一組），完成這七次的作業，同學們便親身經歷一份量化研究的所有步驟；作業8至10則是對應這門課「質化研究方法」所設計的作業，是個人作業，完成這三次作業，同學可以經歷質化研究資料蒐集與分析的歷程。量化研究的作業是採中研院「社會變遷調查」的模式，讓每一組同學針對自己感興趣的議題，透過第1至5次的作業完成自己小組的問卷題組，之後作者再從全班各組的題組中，選出5個題組，再加上參考中研院「台灣教育長期追蹤調查研究」的個人基本資料的題組，而形成一整份問卷，全班同學以此問卷，針對東海大學大學部學生進行抽樣後，對樣本進行施測。樣本的選取是採「抽取率與單位大小成比例的兩階段抽樣法」（probability proportional to size, 簡稱PPS），以確保樣本是機率樣本，如此才能讓施測結果推論回母全體（即東海大學某學年度有大學部學籍的學生）。

質化研究的作業則是先讓同學書寫自己的學習經驗；之後找一位認識的同學／朋友訪談其學習經驗，並整理成訪談逐字稿；訪談前的上課內容，則是和同學討論訪談前應注意事項、同學的緊張與焦慮、以及解答同學的疑惑；訪談後的上課則請同學們分享訪談的感受、遇到的問題以及如何處理，還有自己的學習與成長。質化研究的最後一份作業，是由作者從全班同學所書寫的經驗文本以及訪談逐字稿中，挑選出二份，全班同學針對這兩份文本進行紮根理論的資料分析。

在上完這門課之後，作者便要思考如何呈現這門課的教學成效？此時，我必須回到「這門課最原初想帶給學生的改變是什麼」來思考這個問題。如前所述，是希望同學在修完這門課後，可以獲得社會工作研究法的基礎概念與知識，以及能夠操作及執行社會工作研究（包括量化研究及質化研究），所以這兩個期待就成了這門課的「成效」。而為了驗證這兩個成效有否達成，我針對這兩個成效各設計出3個及4個指標，並透過資料的蒐集及分析，來確定這些指標是否達成；當這些指標都有達成時，我便可以放心地說，修課同學經過一學

年修習這門課後，對於社會工作研究方法在知識及實作上都有達到學習成效。同時，我也可以依據這樣的成效評量報告，自我檢討下學年上這門課時須要改進及加強的地方。

chapter

9

撰寫方案計畫書 ⋮⋮⋮⋮

　　本書第二章至第八章的重點，在於協助我們構思方案的內容，其結果必須轉化為具體的書面文字，藉此呈現我們看到誰發生了什麼事？我們用什麼視角來觀看與理解他們所發生的事？在這樣的觀看與理解下，我們想要改變的標的是什麼？我們可以改變到什麼程度？我們會投入哪些資源、採取什麼策略與方法來處理之？如何檢視我們所投入的資源、所做的事情真的對服務對象產生助益？這些助益對服務對象、對社會有什麼影響？將以上這些構思的內容予以文字化的文件，我們稱之為「方案計畫書」。方案計畫書在人群服務領域裡是一個重要的工具，它是和他人溝通並說服他人與我們一起完成理想的重要媒介，因為方案計畫書的內容是「說清楚、講明白」我們所想的、所要做的事，而他人（特別是與方案相關的利害關係人）也才能據此判斷是否要投入資源，和我們一同協力去完成我們想做的事。

　　方案計畫書還有一項很重要的功能，就是將我們所要做的事，予以具體地描述與呈現，讓可能參與方案各項工作的人能清楚的理解且有所依循。相信我們都有類似的經驗，在執行方案時，很可能須要透過分工來完成不同的工作；或是組織因人事異動，方案會由不同的人來接手執行。所以，有一具體而明確的文件，讓所有參與者清楚瞭解「什麼人、在什麼時間、做什麼事」就顯得非常重要。也就是說，一份好的方案計畫書，就好像是蓋房子的藍圖，不同的人可以依照藍圖的內容，按圖索驥地完成各自的工作，而達到最終的理想。

　　為了協助讀者將本書第二章至第八章所構思的內容轉化成一份完整的方案計畫書，本章提供一個撰寫方案計畫書的架構及格式供讀者參考。要特別說明的是，這樣的架構及格式是依據本書第二章至第八

章的內容所擬訂的，並非固定、不可變動的，讀者可依據方案的內容及組織的要求進行增、刪、調整。

方案計畫書大致可分成三大部分：一是方案前篇：包括方案計畫書的封面、摘要以及目錄；二是方案主體內容，包括：前言（或計畫緣起）、問題分析與需求評估（或文獻探討）、方案目標與目的、方案的活動或服務內容、經費預算、時程進度、評估計畫、工作團隊與分工等；三是方案後篇，包括：參考文獻以及附件（詳如圖9-1所示）。

一、封面
二、摘要　　　　　　　　　　　　　　**方案前篇**
三、目錄

- -

四、前言（或計畫緣起）
五、問題分析與需求評估；或文獻探討
　　（透過這個步驟將「方案的核心觀點與範圍」探究出來）
六、方案目標與目的
七、方案的活動或服務內容
八、評估計畫　　　　　　　　　　　　**方案主體內容**
　　1. 方案的成效與指標
　　2. 蒐集與分析資料的方法
九、時程進度
十、工作團隊與分工
十一、經費預算

- -

十二、參考文獻　　　　　　　　　　　**方案後篇**
十三、附件

圖9-1 方案計畫書的參考架構

壹　方案前篇

　　方案前篇最主要的目的，是讓閱讀方案計畫書的人對方案有個概括的圖像。這個部分我們建議可包括封面、摘要以及目錄。

　　一、封面：封面的內容至少應包括方案計畫的名稱；提案組織的名稱；計畫負責人姓名；計畫聯絡人姓名、地址、電話、傳真、E-Mail Address；以及提案時間。方案計畫書在裝訂成冊時，封面可選用較厚、材質較佳的紙質印製；但封面不宜也沒有必要太過花俏。

　　二、摘要：封面之後建議放上整份方案計畫書的摘要。摘要的目的是讓閱讀者可以在很短的時間內掌握方案的整體圖像，所以建議以一頁的篇幅來撰寫。撰寫的內容則以最精簡的話語來敘述，包括：方案的服務對象；方案所要處理的議題或想要改變的標的；方案的核心觀點與範圍；方案的目標與目的；為達到目標與目的所使用的策略與方法；方案所須動用的資源及經費；方案執行期間；如何進行方案的評估……等內容。以上這些內容也可以考慮以表格的方式來呈現。

　　三、目錄：呈現方案計畫書各單元的標題，並標示頁碼。此外，若方案計畫書中有圖、表，亦應寫出各圖、表所在的頁碼。

貳　方案主體內容

　　方案的主體內容包括前言（或計畫緣起）、問題分析與需求評估（含理論觀點的說明）、方案目標與目的、方案的活動或服務內容、經費預算、時程進度、評估計畫、工作團隊與分工等內容。前言主要是讓閱讀方案者能瞭解方案的重要性，所以本書建議在前言（或計畫緣起）中，呈現我們觀察到誰發生了什麼事？我們用什麼視角來觀看與理解他們所發生的事？在這樣的觀看與理解下，我們想處理哪些議題或想改變的標的是什麼？我們希望達到的理想是什麼？會投入哪些資源、採取什麼策略與方法來達到這樣的理想？我們如何進行方案評

估？當然，也可以大致說明這個方案的重要性以及與其他方案的差異。前言（或計畫緣起）相當於一篇文章的「破題」，所以篇幅不宜過長，並要能吸引閱讀方案者繼續往下閱讀。

前言之後，則依序將本書第二章至第八章進行構思所獲得的結果，透過文字以及圖、表，具體地呈現出來。但是，我們在第二章至第八章的討論中，並沒有針對時程進度以及工作團隊與分工這兩個單元進行說明，故在此略作說明。時程進度是指針對達成方案目標進行時間規劃，我們經常以「甘特圖」來呈現之；甘特圖的作法是以表格的方式，將「要達成方案目標所須從事的工作項目」作為列，以時間單位（如月、週、日）作為欄，然後將每項工作之起迄時間以線條繪出（如圖9-2所示）；透過甘特圖可以協助我們清楚瞭解在什麼時間要做什麼工作。工作團隊與分工則是說明及呈現執行此方案的團隊其組織架構，團隊成員的學、經歷、專長，以及此團隊的優勢及能力……等內容。

	1月	2月	3月	4月	5月	6月	7月	8月	9月	10月	11月	12月
基本知能訓練	▬▬											
完成工作手冊		▬▬										
行為人評估				▬▬▬								
實施相關課程					▬▬▬▬▬▬▬							
課程評估										➡		
再犯率監控										➡		

圖9-2 「○○地區兒童及少年性交易犯罪行為人輔導教育課程實施方案」之甘特圖

參 方案後篇

方案後篇包括參考文獻以及附件：

一、**參考文獻**：在方案主體內容中，他人的理念、理論、或作品對您（或方案規劃團隊）的觀點或想法提供背景資訊、支持或質疑者，或是對您的方案提供關鍵性的定義或資訊者，都必須加以引證；而所有的引證，都必須在「參考文獻」這個單元中，將引證作品／資料的詳細資訊列出，讓有興趣的讀者可以確認及檢索每一筆引證作品／資料的出處。本書建議參考文獻以APA格式第六版來撰寫，因為這個版本的寫法較為簡潔，也是目前國內撰寫學術論文通用的格式。參考文獻的APA格式，以及其書寫的方法及範例可參考本書所整理的【小幫手 9A】，讀者可點選此QR Code瀏覽或下載之。

二、**附件**：附件的內容建議以能佐證方案主體內容的相關資料為主，例如方案執行團隊成員的學經歷證明；執行方案所需用到的各項表單、量表；蒐集指標所需的工具……等。要特別提醒的是，如果您是向不同的單位提出方案經費補助申請，您必須特別留意各單位可能會要求不同的證明文件，例如組織的立案證明、議決申請經費補助的董／理事會會議記錄……等，這些文件也都須要放在附件中。

後記

閱讀、操作與練習到這裡，您大致已經完成了一份奠基於「成效導向的方案規劃與評估」這個模式的「方案計畫書」。事實上，構思與撰寫方案計畫書是幫助我們將平日習以為常的經驗、思考與實務行動予以系統化地整理與呈現。這是非常珍貴的，不僅實質地協助了某個群體，同時也對於累積社會工作、人群服務工作的能力與知識提供重要的貢獻。

　　您是提供與累積「實務的智慧」重要的參與者！感謝您的參與，讓我們一起繼續努力向前！

參考文獻

中華社會福利聯合勸募協會（2014），《103年度方案補助作業手冊》。台北：中華社會福利聯合勸募協會。

中華社會福利聯合勸募協會編譯，D. Buchholtz, J. Freiwirth and C. Sussman 原著（2004），《發現改變：找出方案的影響力（*Measuring outcomes: How to improve your programs and meet your mission*）》。台北：中華社會福利聯合勸募協會。

王美懿、林東龍、王增勇（2010），〈「病人」、「犯人」或「個人」？：男性家暴「加害人」之再認識〉，《社會政策與社會工作學刊》，14（2），頁147-193。

王篤強（2007），《貧窮、文化與社會工作：脫貧行動的理論與實踐》。台北：洪葉。

台灣失智症協會（2014），〈101-145年台灣地區失智症人口推估報告〉。網址：http://www.tada2002.org.tw/tada_know_02.html。

台灣晨曦會苗栗戒毒輔導村（2009），〈「台灣晨曦會苗栗戒毒輔導村成效導向服務方案」分享案例〉。發表於「社區影響力展能計畫」成果發表會。台北：中華社會福利聯合勸募協會。

任中原編譯，〈明年9月起，美國校園禁賣垃圾食物〉（2013年6月28日），《世界新聞網》。

成令芳、林鶴玲、吳嘉苓譯，A. G. Johnson 原著（2003），《見樹又見林：社會學作為一種生活、實踐與承諾（*The Forest and the Tree: Sociology as Life, Prace, and Promise*）》。台北：群學。

江昭倫，〈校園附近禁垃圾食物，教育部贊成〉（2014年2月11日），《YAHOO奇摩新聞》。

行政院勞委會（2011），《中華民國100年身心障礙者生活狀況各項
　　需求評估調查報告》。台北：行政院勞委會。

李維倫、賴憶嫻（2009），〈現象學方法論：存在行動的投入〉，
　　《中華輔導與諮商學報》，25，頁275-321。

杜瑛秋、林桂碧、徐筱婷、王秀珍（2009），〈重新（心）得力：家
　　暴婦女保護性就業方案影響評估研究〉，發表於「雙十年華、百
　　年議題：困境下的台灣社會新能量」研討會。台北：台灣社會工
　　作專業人員協會。

宜蘭縣政府主計處（2013），《宜蘭縣宜蘭縣新移民子女就讀國中小
　　人數分布概況統計》。宜蘭：宜蘭縣政府。

邱俊吉，〈LINE已讀不回，女狂發30則，害男友求診〉（2014年6月
　　16日），《蘋果日報》。

財團法人兒童暨家庭扶助基金會南投分事務所（2006），〈九十五年
　　度外籍配偶家庭弱勢兒童少年福利服務方案成果報告〉，發表於
　　「九十五年度外籍配偶家庭弱勢兒少外展服務」成果發表會台中
　　場次。台中：內政部兒童局。

馬梅芬、邱淑美、沈佳怡、卓蕙恩、賴佩瑜、鄭怡世（2007），〈未
　　成年懷孕非安置處遇服務之成效評量：以勵馨基金會台中服務中
　　心2007年服務少女為例〉，發表於「未成年懷孕實務論文研討
　　會」。台北：財團法人勵馨社會福利事業基金會。

高迪理譯，P. M. Kettner, R. M. Moroney and L.L. Martin原著
　　（1999），《服務方案之設計與評估（*Designing and managing
　　programs: An effectiveness-based approach*）》。台北：揚智。

高迪理譯，P. M. Kettner, R. M. Moroney and L.L. Martin原著
　　（2009），《服務方案之設計與管理（*Designing and managing
　　programs: An effectiveness-based approach, 3rd ed.*）》。台北：揚
　　智。

高雄市慈善團體聯合協會（2009），〈「高雄市弱勢家庭社區照顧服
　　務方案」分享案例〉，發表於「社區影響力展能計畫」成果發表

會。台北：中華社會福利聯合勸募協會。

張雅惠（2014），〈貧困家庭照顧者撫育發展遲緩兒的經驗探究〉。台中：東海大學社會工作學系碩士論文。

陳韻如、李俐俐（2009），〈台大醫院精神醫學部居家治療方案三年回顧〉，發表於「雙十年華、百年議題：困境下的台灣社會新能量」研討會。台北：台灣社會工作專業人員協會。

傅中玲（2008），〈台灣失智症現況〉，《台灣老年醫學暨老年學雜誌》，3（3），頁169-181。

曾寶瑩譯，J. A. Smith and M. Osborn（2006），〈解釋現象學分析法（IPA）〉，收錄於丁興祥等譯，《質性心理學》，頁71-102。台北：遠流。

黃俊凱、呂朝賢（2007），〈台北縣中輟高危險群學生處遇方案之研究〉，發表於「跨界與整合：協同合作趨勢下的社會工作專業」國際研討會。台北：台灣社會工作專業人員協會。

鄭怡世、蕭琮琦、張緙鏐、周千郁（2010），《「Wraparound 用愛包圍與你同在服務方案」實驗計畫方案評估報告》。台中：台灣兒童暨家庭扶助基金會。

鄭怡世（2002），〈兒童性侵害加害者處遇原則之探討：認知行為治療與因應理論之應用〉，《台大社會工作學刊》，6，頁89-122。

鄭麗珍（2005），〈「台北市家庭發展帳戶」方案發展與儲蓄成效〉，發表於「2005春季國際論壇：廿一世紀社會政策新理念」國際研討會。北京：中國社會科學院。

蘇文仙（2011），〈擠壓、碰撞與出路：災變新手社會工作者的工作經驗初探〉。台中：東海大學社會工作學系碩士論文。

Bradshaw, J. (1977). 'The concept of social need', in Fitzgerald, M., P. Halmos, J. Muncie and D. Zeldin (eds.), *Welfare in action, pp.* 33-36. London: Routledge & Paul.

Coleman, J. S. (1994). *Foundations of social theory.* Cambridge, MA:

Harvard University Press.

Dickinson, H. (2008). *Evaluating outcomes in health and social csar.* Bristol: The Policy Press.

Hucker, S. J. and J. Bain (1990). 'Androgenic homones and sexual assault', in W. L. Marshall, D. R. Laws and H. E. Barbaree (eds.), *Handbook of sexual assault: Issues, theories and treatment of the offender,* pp.93-102. New York: Plenum Press.

Kettner, P. M., R. M. Moroney, and L. L. Martin (2008). *Designing and managing programs: An effectiveness-based approach (3rd ed.).* Los Angeles: Sage.

Netting, F., P. Kettner and S. McMurtry (2008). *Social work macro practice (4th ed.).* Boston: Allyn and Bacon.

The Urban Institute (2003a). *Key steps in outcome management.* Washington, DC: The Urban Institute.

The Urban Institute (2003b). *Developing community-wide outcome indicators: For specific services.* Washington, DC: The Urban Institute.

Thompson, N. (2000). *Theory and practice in human service.* Philadlphia: Open University Press.

United Way of American (1996). *Measuring program outcomes: A practical approach.* Alezandria, VA: Author.

Weiss, C. H. (2010). *Evaluation* (2nd ed.). New York, NY: Pearson.

W. K. Kellogg Foundation (2001). *Logic model development guide.* Michigan: W. K. Foundation.

附錄一
本書的工作表單

【工作表單一】方案邏輯模式圖

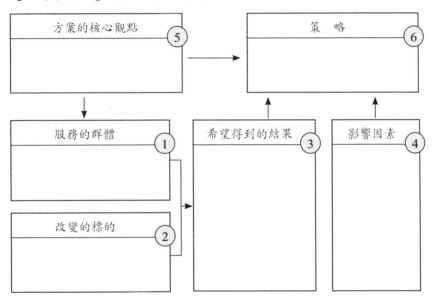

【工作表單二】方案規劃邏輯思考輔助表

方案欲改變的標的	方案的核心觀點	方案的目標 (Goals)	方案的目的 (Objectives)	投入資源	方案活動／服務內容

【工作表單三】方案成效評量邏輯思考輔助表

方案活動／服務內容	成效	指標	蒐集資料的計畫		
			蒐集資料的方法	蒐集資料的工具	誰負責收集資料

附錄二
各章小幫手的空白表格

【小幫手2A】方案的架構圖

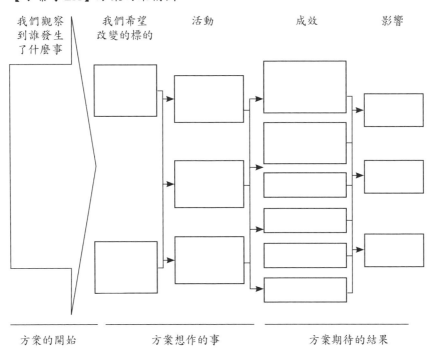

【小幫手2B】選擇方案服務對象輔助思考表

觀察到哪個群體發生了什麼事 請說明您觀察到哪個群體發生了什麼事	改變什麼 請描述您想改變這個群體的什麼狀態	期待 請描述您們希望這個群體「從什麼狀態改變成什麼狀態」

【小幫手8A】思考方案成效的交叉表

層面 成效	知識	行為	態度	狀況
初期成效				
中期成效				
長期成效				

【小幫手8B】選擇成效的評分表

成　效	意義性	責　信	可測性	可行性	
列出透過第124頁的程序所思考出來的成效	思考此成效具體展現方案核心意義或信念的程度（從1至10分，10分代表最具意義性）	方案的利害關係人認為此成效重要的程度（從1至10分，10分代表最具可責信性）	此成效可以被測量的程度（從1至10分，10分代表最容易被測量）	評估此成效時所需的時間、資源與可達成的程度（從1至10分，10分代表最具可行性）	小計

【小幫手8C】成效與指標邏輯思考輔助表

選 擇 的 成 效	相 對 應 的 指 標

【小幫手8D】成效與指標資料蒐集思考輔助表

成效：

指標	HOW (方法和工具)	WHO	WHEN	WHERE
			程序（Procedures）	
您所要觀察或測量的指標？	您如何得到資料？您所使用的方法和工具是什麼？	誰負責提供資料？誰負責蒐集資料？	什麼時候要蒐集資料——在方案中的哪個時機點？以及頻率、次數？	在什麼地方蒐集資料？

>>>> 巨流圖書 <<<<

郵政劃撥帳號：01002323
戶名：巨流圖書股份有限公司

弱勢者人權與社會工作

出版：2010 年 1 月
ISBN：978-957-732-352-1
定價：200 元

　　本社會工作之所以要協助弱勢者，有一個重要基本原理，即是要依據弱勢者人權的理念將其轉化為具體的服務。但各種弱勢者人權的項目到底有哪些？內涵是什麼？本書的目的即是在回應此一議題。

　　本書在參考學者們對人權分類的觀點後，針對聯合國三個人權文件：「世界人權宣言」、「公民權利及政治權利國際公約」、「經濟社會文化權利國紀公約」進行內容分析，找出一般人權的項目及內涵；再以此作為一個分析的架構去分析聯合國大會通過的各個弱勢人權文件，包括：兒童權利公約、消除對婦女一切形式歧視公約、消除對婦女的暴力行為宣言、聯合國老人原則、身心障礙者權利公約、保護精神病患權益及促進健康照護原則、移徙工人及其家庭成員權利國際公約、原住民權利宣言等，企圖找出每種弱勢者人權的具體項目與內涵。另外，本書提出社會工作維護弱勢者人權的行動策略，希望對社工界有所助益。

著者．蘇景輝
東吳大學社會工作碩士、香港中文大學社會福利博士班肄業、羅耀拉大學（芝加哥）社工系訪問學人。曾任台中縣政府社工員、嘉義縣政府社工督導、台灣社工專業人員協會祕書長、中華民國殘障聯盟祕書長。現任輔仁大學社會工作學系副教授、輔仁大學社會科學院非營利組織管理學程召集人。

>>>> 巨流圖書 <<<<

郵政劃撥帳號：01002323
戶名：巨流圖書股份有限公司

新移民社會工作實務手冊

出版：2013 年 9 月
ISBN：978-957-732-479-5
定價：320 元

　　新移民已是我國第五大族群，新移民及其家庭服務也逐漸成為社會工作重要的實務領域。由於語言、文化、性別、階級與種族等差異，相較於其他次專業領域，新移民及其家庭服務益顯複雜。本書彙整十位社會工作老師與實務工作者的經驗，說明社會工作人員如何與新移民及其家庭一起工作。

　　全書共分為十三章，首先，介紹全球跨國婚姻發展趨勢與脈絡，並說明新移民公民身分的取得與權利行使的互動關係。其次，介紹新移民社會工作的理論及方法，包括：社會工作理論在新移民服務工作中的運用、個案工作、團體工作、社區工作、家庭動力評估、溝通與會談技巧、服務方案設計與執行、社會教育、倡導與培力等，進而討論社會工作人員的文化能力及權力議題。最後，介紹新移民及其家庭有關之社會議題，包括：家庭暴力、就業與照顧、家庭溝通、新移民子女和親子教養等。

主編・潘淑滿

美國德州大學奧斯汀校區社會工作學博士。現任國立臺灣師範大學社會工作學研究所教授兼社會科學院院長。研究專長為性別研究、親密關係暴力、多元文化。